ComFor

Precursores de la Comunicación

MANUAL

Roger Verpoorten
Ilse Noens
Ina van Berckelaer-Onnes

Segunda Edición en Español en Mayo de 2018, por Autismo Ávila
c/ Agustín Rodríguez Sahagún, 30
05003 Ávila, España
www.autismoavila.org
Traducción a la lengua española: © Emma Martin Tobes
Revisión de estilo: © Isabel Hoyos Seijo
Editor de la versión española: © Gerardo Herrera, Universidad de Valencia
Revisión: María Aylón, Patrícia Pérez-Fuster, Rocío Arroyo, Elísabeth García , Teresa Díaz y Leticia Bernal
Maquetación: © Javier Plaza
Título de la obra original: ComFor: Forerunners in Communication

Depósito Legal: AV-30-2014

Los beneficios de la venta de esta obra se destinarán al cumplimiento de los fines de la Asociación Autismo Ávila, entidad sin ánimo de lucro que trabaja para una mejor calidad de vida de las personas con autismo.

ISBN de la obra en lengua española: 978-84-940322-3-3

Contenido

A Katie Thomas (Kate Berry, de soltera), que fue mi inspiración y modelo para trabajar con este grupo de personas y que, tristemente, no llegó a ver este homenaje. Su recuerdo perdurará en las vidas de aquellos para quienes trabajó incansablemente.

Prólogo

El manual ComFor (Precursores de la Comunicación) está basado en las ideas de Roger Verpoorten y se desarrolló en el Centro para el Estudio de Trastornos del Desarrollo en la Universidad de Leiden (Ilse Noens e Ina van Berckelaer-Onnes). Se financió gracias al Koninklijke Effatha Guyot Groep en Zoetermeer y a la Universidad de Leiden. Al principio del proyecto, Roger Verpoorten tenía un puesto en Stichting Amarant en Tilburg, y en la actualidad trabaja en el Stickting Viataal en Sint-Michielsgestel. Ambas instituciones le ofrecieron la oportunidad de colaborar con el proyecto.

Deseamos dar las gracias a todos los participantes, sus cuidadores y el personal de las instituciones. Queremos mencionar especialmente a Gijs van Duijn por su apoyo metodológico y a Inge Toepoel, Meike Middelkamp y Mieke Ketelaars por su cooperación como asistentes de investigación. Además, 23 estudiantes completaron su tesis de máster dentro del marco del estudio ComFor.

Las personas con Trastornos del Espectro del Autismo (TEA) tienen dificultades relacionadas con las habilidades de comunicación. Por lo tanto, una intervención temprana dirigida a la comunicación es muy importante e influye enormemente sobre los resultados. Las personas con TEA necesitan gran cantidad de comunicación aumentativa, no solo cuando no tienen desarrollada la capacidad del habla, sino también cuando sí la tienen desarrollada. No obstante, la comunicación aumentativa tiene que personalizarse según el nivel de atribución de significados en el que se encuentre la persona con autismo. El ComFor o Forerunners in Communication (Precursores de la Comunicación) es un instrumento clínico que se puede utilizar para obtener una indicación precisa de las intervenciones comunicativas individualizadas, y en particular, de la comunicación aumentativa. Aborda dos cuestiones fundamentales: en primer lugar, cuál es la forma más adecuada de aumentar la comunicación, y en segundo, en qué nivel de atribución de significados pueden ofrecerse los medios elegidos.

El ComFor se desarrolló en los Países Bajos, en la Universidad de Leiden, y se publicó en el año 2008. Hasta ahora, existen versiones en inglés, italiano y francés, además de esta nueva versión en castellano. Los autores están sumamente complacidos con esta distribución internacional. El ComFor es un importante instrumento clínico que ayuda a realizar unas intervenciones en comunicación bien estudiadas. Está concebido para personas con un nivel de desarrollo (psicomotor) de entre 12 y 60 meses, y es adecuado para niños y adultos con habilidades comprendidas entre esas edades de desarrollo. La publicación de la versión en castellano ofrece grandes posibilidades para todos los países en los que se habla esa lengua.

Roger Verpoorten, Ilse Noens , Ina van Berckelaer-Onnes

Leiden, septiembre de 2014

1. Introducción

1.1. Punto de partida para el desarrollo del test

La comunicación es indispensable para los seres humanos. Nos permite iniciar interacciones, expresar necesidades y deseos y compartir experiencias y emociones con otras personas. Normalmente, la capacidad de comunicarse es algo que se da por sentado; sin embargo, en la práctica clínica se puede comprobar que el proceso de comunicación no es necesariamente automático. En personas con trastornos del desarrollo tales como autismo y/o discapacidad intelectual, están severamente afectadas la interacción y comunicación, y es necesario buscar apoyo profesional. Sin embargo, los instrumentos para evaluar los prerrequisitos de la comunicación no están siempre disponibles. ¿Qué comprende la persona de lo que la rodea? ¿Qué percibe y qué significados atribuye a tales percepciones? ¿Es una cuchara simplemente un objeto sin ningún otro significado? ¿Es algo que metemos en la boca? O, yendo un poco más lejos, ¿está asociada con la acción de comer? Todas estas preguntas deben ser respondidas para poder establecer un plan de intervención. Con demasiada frecuencia, el nivel con el que nos dirigimos a las personas con trastornos del desarrollo es demasiado alto, y como consecuencia, estas personas no comprenden este medio de comunicación, lo cual puede provocar graves conductas problemáticas. El ComFor (del inglés Forerunners in Communication, Precursores de la Comunicación) intenta responder a todas las preguntas que se han mencionado anteriormente.

1.2. Propósito y relevancia

El ComFor es un instrumento clínico que puede utilizarse para obtener una recomendación clara sobre intervenciones comunicativas individualizadas, en particular sobre comunicación aumentativa. El ComFor intenta responder a dos preguntas fundamentales. En primer lugar, ¿cuál es el sistema de comunicación más adecuado? En segundo lugar, ¿a qué nivel de atribución de significados podemos ofrecer los medios elegidos? De forma más específica, el ComFor mide percepción y atribución de significado en relación con formas de comunicación no transitorias y en los niveles de presentación y representación, los cuales serán explicados en detalle en 3.1 (Implementación de los Conceptos Teóricos).

El ComFor está específicamente diseñado para personas con autismo sin comunicación verbal o con comunicación verbal muy limitada. En el estudio sobre fiabilidad y validez del ComFor solo se incluyeron participantes con autismo (véase 4.2 sobre Características de la Muestra). En este manual, el término «autismo» se refiere principalmente al «trastorno del autismo»[1] , tal y como se recogía en el Manual DSM-IV. Sin embargo, el ComFor se puede utilizar con la amplia variedad de personas con «trastorno del espectro del autismo», según se conceptualiza en el más reciente DSM-5 (APA, 2013). El ComFor también se puede usar con personas que tienen otras dificultades de comunicación causadas, por ejemplo, por discapacidades intelectuales, pero es importante recordar que el ComFor se realizó basándose en personas con autismo.

El campo de aplicación del ComFor varía desde un nivel de desarrollo (psicomotor) de aproximadamente doce meses a cinco años. El ComFor es adecuado tanto para niños como para adultos.

1.3. Estructura del manual

Este manual está dividido en dos partes. En la primera parte se cubren el marco teórico, la selección y categorización de los ítems y las propiedades psicométricas del ComFor. La segunda parte trata sobre la administración, la puntuación y la interpretación de los resultados.

1 Nota del Editor: En el Manual DSM-IV se incluye el «trastorno autista» como una subcategoría de los Trastornos Generalizados del Desarrollo. A lo largo de este documento, con el fin de favorecer un uso correcto del lenguaje, se hará referencia a dicho trastorno o subcategoría como «trastorno del autismo», que se utilizará de forma diferenciada con respecto al actual «trastorno del espectro del autismo» correspondiente con el DSM-5.

PRIMERA PARTE

MANUAL TEÓRICO

2. Marco teórico

2.1. Introducción

Este manual es principalmente para un uso clínico y de evaluación de necesidades de intervención. El marco teórico se presentará de forma relativamente concisa. Sin embargo, los fundamentos teóricos que sostuvieron el desarrollo del ComFor se pueden encontrar descritas de forma extensa en Noens y Van Berckelaer-Onnes (2004, 2005, 2007), Noens y cols. (2006) y en la disertación de Noens (2004). Este manual es suficiente para el uso práctico del test. Para más información sobre las bases teóricas, recomendamos consultar todas estas publicaciones.

Dado el principal grupo hacia el que está dirigido el ComFor, primero se presentarán los problemas específicos de comunicación de las personas con autismo (2.2). Después se discutirá la relación entre percepción atribución de significados y comunicación (2.3). El capítulo terminará con la explicación de la relevancia de la comunicación aumentativa.

2.2. Problemas de comunicación en personas con autismo

Los problemas de comunicación verbal y no verbal se consideran uno de los síntomas clave del autismo (Wing, 2001). Una parte significativa de todas las personas con autismo —aproximadamente del 20 al 50% (Lord y Paul, 1997; Risi y Pickles, 2004)— nunca adquiere un nivel de lenguaje suficiente para cubrir sus necesidades comunicativas diarias. La mayoría de esas personas tiene además discapacidad intelectual. Sorprendentemente, estas personas pre-verbales normalmente no consiguen compensar sus problemas de comunicación verbal con otros modos de comunicación, tales como señalar, hacer gestos, el contacto visual o la expresión facial (Howlin, 1999). Las personas con autismo que son verbales presentan características notables en su comunicación, tales como ecolalia, dificultades en el uso de metáforas y neologismos, inversión pronominal y peculiaridades prosódicas. Incluso entre aquellos con lenguaje funcional, la comprensión está normalmente más limitada de lo que cabría esperar teniendo en cuenta su vocabulario expresivo (Lord y Paul, 1997). Las habilidades verbales de las personas con autismo varían enormemente, pero en todos los casos la comunicación recíproca es muy limitada.

El autismo, por lo tanto, se caracteriza por ser un trastorno específico y cualitativo de la comunicación. En casos de comorbilidad con discapacidad intelectual, la complejidad y la severidad de los problemas de comunicación se acentuarán. Como consecuencia del autismo, el desarrollo de las habilidades comunicativas estará no solo desviado con respecto al desarrollo típico, sino también sufrirá un retraso, debido a la discapacidad intelectual (Kraijer, 1997; Van Berckelaer-Onnes, 1996).

Publicaciones recientes (véase Noens y Van Berckelaer-Onnes, 2004, 2005; Travis y Sigman, 2001; Wetherby, Prizant y Schuler, 2000) identifican dos problemas claves en los trastornos del espectro del autismo: la intencionalidad y la formación de símbolos. Estos dos problemas constituyen las principales dificultades afrontadas en la educación y la intervención en personas con autismo. En particular, basándonos en las limitaciones para la formación de símbolos, se asume que el desarrollo atípico de la comunicación en el autismo está correlacionado con un estilo cognitivo específico. Para estimular la comunicación de forma eficaz, los problemas de comunicación deben conceptualizarse en términos de problemas en la percepción del significado.

2.3. Percepción, atribución de significados y comunicación

El ComFor está en línea con el marco teórico de la coherencia central, formulado y desarrollado por Frith (1989, 2002) y Happé (1999, 2000). La coherencia central es la tendencia natural a procesar los estímulos que percibimos de forma global y en contexto, integrando toda la información para llegar a un nivel de significado más alto. Sin embargo, las personas con autismo tienen menor tendencia hacia la coherencia central (Frith, 1989, 2002). Esto no implica que haya un trastorno de los órganos de los sentidos. En principio, las personas con autismo pueden sentir, saborear, oler, ver y oír, pero tienen dificultad para integrar en una entidad global la información que perciben a través de estos sentidos. En lugar de eso, tienden a procesar los estímulos de forma local y por partes. También suelen dar prioridad a los detalles. Esto explica no solo las dificultades, sino también los talentos de las personas con autismo (véase Happé, 1999, 2000).

La teoría de la coherencia central ofrece una interpretación de los problemas específicos de comunicación en las personas con autismo. La comunicación se considera un proceso cognitivo, en el cual la percepción juega un papel crucial. La comunicación consiste, esencialmente, en atribuir significados; es un intercambio de significados (Noens y Van Berckelaer-Onnes, 2002a). Como el impulso hacia la coherencia central es más débil en las personas con autismo, la atribución de significados es problemática.

Verpoorten (1986) ha descrito la comunicación de forma multidimensional como la sutil interacción de distintas modalidades (verbales y no verbales), en la cual los mensajes (contenido) se comparten con una función específica (intención). Además, la comunicación siempre incluye un aspecto social (reciprocidad). Finalmente, el estilo comunicativo determina la eficacia de la comunicación. Por naturaleza, nuestras modalidades comunicativas son muy transitorias (Wetherby y cols., 2000). Requieren un procesamiento extremadamente rápido, secuencial y multimodal de la información visual y auditiva.

Debido a su débil impulso hacia la coherencia central, las personas con autismo tienen dificultades para alcanzar de forma espontánea una percepción completa e integral de todas las dimensiones comunicativas (Noens, Van Berckelaer-Onnes y Verpoorten, 2000). Las relaciones que existen en o entre las diferentes dimensiones comunicativas son percibidas de forma demasiado literal y demasiado fragmentada. Por este motivo, no es sorprendente que las personas con autismo tengan dificultades importantes para aprender a comunicarse.

Percepción, atribución de significados y comunicación ocurren a cuatro niveles: sensación, presentación, representación y metarrepresentación (Verpoorteen, 1996). Es importante diferenciar entre sensación y percepción: «sensación» es el proceso de detección de un estímulo (o parte del mismo) en el entorno (Levine, 2000); «percepción» es el modo en el que se interpreta la información captada por los diferentes sentidos (Goldstein, 1999). Presentación, representación y metarrepresentación ocurren en el nivel de la percepción y están relacionadas con el procesamiento central de los estímulos entrantes.

En el nivel de *sensación*, las experiencias sensoriales —olor, sabor, vista, oído, tacto, sentido vestibular, propiocepción— son indispensables. Por ejemplo, un vaso de plástico no es más que una configuración de estímulos. Cuando el vaso se presenta de forma habitual, nos familiarizamos con el estímulo, lo cual es muy importante, ya que nos proporciona seguridad. Sin embargo, aquí no existe significado funcional ni referencial.

En el nivel de *presentación*, la información se percibe dentro de un contexto concreto. El bebé aprende gradualmente a comunicarse de forma activa en la situación presente. Al principio, el bebé intenta alcanzar y coger el vaso. Más tarde, aprende a señalarlo, asumiendo que la otra persona se lo dará. El bebé comprende el significado funcional del vaso, siempre y cuando este contenga una bebida. El significado debe estar literalmente presente: la vida es predecible dentro del aquí y ahora de una situación determinada.

El nivel de *representación* se alcanza cuando existe lenguaje verbal. La palabra «vaso» representa al objeto. El nivel de representación también se alcanza en casos en los que la persona no habla, pero comprende que un gesto, un objeto, un pictograma o una fotografía representan el acto de beber, incluso cuando la bebida en sí no está a la vista. A este nivel, la persona comprende el significado oculto, el referente o la función simbólica. El desarrollo de la permanencia del objeto es indispensable para alcanzar el nivel de representación. Para usar un símbolo es necesario ser capaz de representar (o imaginar) el referente cuando ese referente no está presente en su forma concreta (Piaget, 1952/1977; Werner y Kaplan, 1963). La representación presupone cierta conciencia de que el símbolo y el referente no son idénticos, sino dos entidades claramente diferenciadas (Bates, 1979). La comunicación en el nivel de representación ofrece control sobre el futuro. La previsibilidad fuera del aquí y del ahora de una situación concreta se desarrolla gracias a los referentes.

La *metarrepresentación* se alcanza cuando se transmite información más allá del significado literal. Se trata de un significado separado de la representación primaria. Cuando por ejemplo alguien «gana la copa», la copa no se refiere a un recipiente para beber líquidos (significado primario), sino a una victoria. El lenguaje humano está lleno de metarrepresentaciones, tales como metáforas y frases hechas.

Todas las personas con autismo tienen dificultades para alcanzar el nivel de metarrepresentación, pero cuando el autismo se presenta junto con discapacidad intelectual, a veces no se produce ni siquiera la transición de sensación a presentación o de presentación a representación. Esas personas con frecuencia permanecen en un nivel de literalidad concreta. Un gran obstáculo radica en el hecho de que algunas personas con autismo sí que tienen lenguaje a su disposición, pero no logran utilizar este lenguaje en el nivel de representación. Como tal, algunos niños y adultos son capaces de nombrar objetos e incluso imágenes, pero no son capaces de imaginar su significado funcional ni de representar la acción correspondiente. Por ejemplo, serían capaces de decir el nombre al ver una foto de un vaso, sin comprender que esa foto significa que va a dárseles una bebida. Estas personas pueden relacionar palabras con imágenes, pero no comprenden necesariamente que la imagen representa un referente, en este caso, la bebida.

También podemos encontrarnos con dificultades a nivel sensorial[2] . En las personas con autismo se encuentra con frecuencia el fenómeno de la híper o la hipo sensibilidad, el procesamiento monocanal de la información y las dificultades para la integración sensorial. Esto dificulta el proceso de atribución de significados a niveles superiores.

La comunicación verbal por sí sola es normalmente insuficiente para que las personas con autismo consigan atribuir adecuadamente los significados. La comunicación aumentativa se hace indispensable, sobre todo en casos de autismo con discapacidad intelectual.

2.4. La comunicación aumentativa

El término «comunicación aumentativa» se refiere a la totalidad de técnicas y estrategias para aumentar la comunicación que se suman al conjunto de gestos naturales, vocalizaciones o habla de la persona (Noens y Van Berckelaer-Onnes, 2002a). Tradicionalmente, la comunicación aumentativa se usaba para aumentar la comunicación expresiva de personas con trastornos del desarrollo; sin embargo, desde hace unos años la comunicación aumentativa también se está utilizando para reforzar la comprensión (Light, Roberts, Dimarco, y Greiner, 1998). Esto es crucial para las personas con autismo, ya que su comprensión suele ser peor que sus habilidades expresivas.

2 Nota del Editor: en la obra *Percepción Sensorial en Autismo y Síndrome de Asperger*, de Olga Bogdashina, puede encontrarse información ampliada sobre estas dificultades.

La comunicación aumentativa debe considerarse de forma individualizada. Para esto, deben tenerse en cuenta dos aspectos fundamentales:

1- ¿Cuál es el sistema más adecuado para aumentar la comunicación?
2- ¿A qué nivel de atribución de significados puede ofrecerse dicho sistema?

En lo que se refiere a la modalidad de comunicación aumentativa, como hemos mencionado anteriormente, las personas con autismo tienden a tener dificultades con las modalidades transitorias o que no cuentan con un soporte permanente (por ejemplo: el habla, las expresiones faciales, los gestos), ya que estas requieren un procesamiento rápido y secuencial. Sus modalidades preferidas son aquellas que tienen una estructura permanente, concreta y espacial, tales como objetos, pictogramas, fotografías, dibujos y palabras escritas. Una idea común pero errónea en la práctica clínica y educativa es que las fotografías son más fáciles de comprender que los pictogramas. Para las personas con autismo, normalmente no es así. Con las fotografías, la conexión entre el símbolo y el referente puede ser más evidente (por ejemplo, al ser más icónico, ver Lloyd y Blischak, 1992) pero también es cierto que las fotos tienen más detalles que distraen (Noens y Van Bercvkelaer-Onnes, 2002a, 2004).

En lo que se refiere a la segunda pregunta, es necesario que el uso del sistema de comunicación esté adaptado en el nivel de atribución de significados de la persona. En la práctica, con frecuencia se usan objetos como símbolos, incluso con personas que no pueden imaginar el significado funcional del objeto (por ejemplo, cuando se usa un vaso vacío para anunciar que vamos a tomar algo en la cafetería). No debemos olvidar que el uso de objetos como símbolos requiere atribución de significados al menos en el nivel de representación ya que el significado —tomar un café en la cafetería— es invisible (está oculto en un vaso vacío). Una persona que funciona solo en el nivel de presentación comprende el significado funcional de un objeto (el vaso) solo si está dentro de una situación concreta (la cafetería). El mismo error se produce con el uso de dibujos. Por ejemplo, la comprensión de un pictograma no es necesaria para emparejar un pictograma de un vaso con un pictograma idéntico puesto sobre una mesa. En el nivel de sensación, el vaso no es más que un objeto suave al tacto que produce un sonido agradable cuando se dan golpecitos en él. En este nivel, es imposible anunciar una actividad futura con un objeto como el vaso. Sin embargo, las experiencias sensoriales sí que podrían adquirir cierta función de anunciar una actividad.

3.- Desarrollo del ComFor

3.1. Implementación de los conceptos teóricos

Tal y como se ha mencionado en 1.2 Propósito y relevancia del Test y en 2.4 Comunicación Aumentativa, el ComFor es un instrumento clínico usado para obtener una recomendación precisa sobre comunicación aumentativa, y sirve para responder a dos preguntas básicas:

1- ¿Cuál es el sistema más adecuado para aumentar la comunicación?
2- ¿A qué nivel de atribución de significados puede ofrecerse dicho sistema?

Para responder a ambas preguntas, se tuvieron que tomar varias decisiones.

Más específicamente, el ComFor mide percepción y atribución de significados con respecto a formas de comunicación no transitorias en los niveles de presentación y representación. En este apartado se explicarán la implementación del sistema de comunicación y los niveles de atribución de significados.

En lo que se refiere a la forma del sistema aumentativo, se han elegido sistemas comunicativos no transitorios, esto es, con una estructura concreta y espacial, tales como objetos, pictogramas, fotografías, dibujos lineales y palabra escrita. Los sistemas con una estructura más temporal, tales como gestos, son mucho más difíciles de percibir para las personas con autismo, porque requieren un procesamiento secuencial. Lo que es más, las personas con autismo normalmente tienen dificultades de imitación, planificación y coordinación. Todas estas habilidades son esenciales para aprender gestos (véase Mirenda y Erickson, 2000). En cuanto a los pictogramas, no ha sido posible incluir todas las variedades existentes en el ComFor, por lo que se han elegido solo pictogramas con un contorno blanco sobre fondo negro. Las imágenes están trazadas de forma bien acentuada, ofreciendo contrastes claros, y no contienen ningún detalle que pueda distraer, lo cual es recomendable dentro del marco teórico de la hipótesis de la coherencia central. Además, estas imágenes se usan frecuentemente con éxito en personas con autismo y están fácilmente disponibles.

Con respecto a los niveles de atribución de significados, el ComFor comprende los niveles de presentación y representación. En el nivel de presentación, se deben clasificar objetos y dibujos idénticos en función de su tamaño, color, material y tamaño. Las tareas deben resolverse en función de características concretas y perceptibles literalmente. No es necesario que exista una atribución de significados más allá de la literalidad, aunque es cierto que la atribución de significados puede servir de ayuda. En el nivel de representación, se deben clasificar objetos e imágenes que no sean idénticos, en función de una atribución de significados que vaya más allá de características perceptibles literales. El ComFor no evalúa el nivel de sensación; sin embargo, la comunicación (aumentativa) debe llevarse al nivel de sensación si una persona no reúne las condiciones necesarias para el nivel de presentación. Por lo tanto, el ComFor solo ofrece una idea aproximada y se necesitarán otras evaluaciones en el contexto diario de la persona. El ComFor tampoco considera el nivel de metarrepresentación.

Un requisito para la implementación del test estuvo relacionado con el hecho de que cada situación sometida a prueba por sí misma puede enfrentar a la persona con problemas importantes de atribución de significados. Si deseamos evaluar la atribución de significados de una persona con autismo, debemos tener en cuenta sus dificultades en la percepción y comprensión de la situación del test. Por este motivo, las instrucciones del ComFor son muy claras: cada ítem está organizado en forma de una tarea de clasificación. Las instrucciones son perceptibles de forma concreta y socialmente inequívocas. La tarea de clasificar se practica de forma extensiva en la primera parte del test y no es necesario dar instrucciones verbales.

3.2. Selección y categorización de los ítems

La primera versión del ComFor data de 1997. En los años 1999, 2001 y 2004 se hicieron revisiones del test. La Tabla 3.1 indica el número de ítems de los que constaba cada versión.

Tabla 3.1. Diferentes versiones del ComFor

Versión	Número de ítems
1997	40 (10 en las series de entrenamiento)
1999	40 (7 en las series de entrenamiento)
2001	37 (6 en las series de entrenamiento)
2004	36 (6 en las series de entrenamiento)

Las revisiones se llevaron a cabo basándose en lo siguiente: uso clínico del ComFor (por parte de los creadores y de expertos clínicos); críticas de expertos independientes; análisis de las puntuaciones de diferentes grupos (personas con autismo y discapacidad intelectual; personas con discapacidad intelectual pero sin autismo; niños con desarrollo típico), e investigación sobre la coherencia interna de las escalas. Los datos se obtuvieron principalmente gracias a las tesis de máster de estudiantes de la Universidad de Leiden.

En la primera versión del ComFor (1997) los ítems estaban divididos en cuatro series. La primera serie estaba constituida por las llamadas «series de entrenamiento», las cuales incluían ejercicios con dos estructuras diferentes (clasificar objetos dentro de un recipiente o colocar aros en una bandeja). El resto de los ítems estaban clasificados según su forma: objetos (serie 2), fotografías (serie 3) y gráficos (serie 4). Dentro de cada serie, los ítems estaban ordenados en función del nivel creciente de dificultad. Las series 2, 3 y 4 contenían ítems en el nivel de presentación e ítems en el nivel de representación. En el nivel de presentación había fotos y objetos con y sin significado, y en el nivel de representación, todos los ítems tenían significado. Los participantes tenían que clasificar solo ítems de la misma forma (por ejemplo, objetos con objetos o fotografías con fotografías, pero no objetos con fotografías o a la inversa).

Las primeras experiencias, críticas e investigaciones condujeron a ciertas adaptaciones básicas en 1999. Dado que las personas con autismo experimentan especialmente dificultades con las numerosas transiciones de presentación a representación y a la inversa, se decidió clasificar los ítems en dos niveles: primero todos los ítems en el nivel de presentación (clasificar imágenes u objetos idénticos), y después todos los ítems en el nivel de representación (clasificar objetos o imágenes que no son idénticos). De esta manera se creó una mayor estabilidad dentro del test. Dentro de cada nivel, las series estaban organizadas en función de la forma de los estímulos. Además, las series de entrenamiento se simplificaron de modo que tan solo se requiriera una acción (clasificar). Los diferentes objetos —pelotas, bloques y aros— tenían que encajarse dentro de recipientes cerrados con un agujero en la tapa. Más adelante, los recipientes cerrados se remplazaban gradualmente por bandejas abiertas.

Las experiencias clínicas también dieron como resultado la introducción de algunos ítems nuevos en el nivel de representación, en particular ítems relacionados con clasificaciones de diferentes clases de estímulos (por ejemplo, objetos con fotografías y a la inversa). Eso se hizo para evaluar más exhaustivamente el nivel de representación.

Algunos ítems se cambiaron de lugar para garantizar que en cada serie los ítems estuvieran ordenados en función de su dificultad. El orden se decidió en función de los resultados obtenidos en niños con desarrollo típico. De este modo al usar el ComFor se pueden detectar con facilidad las puntuaciones atípicas de las personas con autismo. Lo que es más, se determinaron los lugares de comienzo del test, la regla de discontinuidad del test y el orden de los ítems, y se revisaron de forma exhaustiva todos los materiales; por ejemplo, algunos que resultaron ser quebradizos o flexibles se sustituyeron por otros que no lo eran tanto.

En 2001, el ComFor fue revisado por segunda vez. Las series de entrenamiento aún resultaban confusas. En particular, las personas con autismo tenían dificultades con el hecho de que algunos objetos se utilizaban con dos funciones diferentes: los objetos de las primeras series tenían que colocarse al principio en recipientes cerrados, y más adelante debían clasificarse en bandejas abiertas. Cuando se utilizaban las bandejas abiertas, las personas con autismo tendían a buscar los recipientes cerrados. Por este motivo, se decidió usar los objetos solo para las tareas de ensamblaje e introducir nuevos objetos para las bandejas abiertas.

Además, muchas personas evaluadas no reconocían los platos y tenedores de juguete en el nivel de representación, y por lo tanto estos se sustituyeron por platos y tenedores reales. Dada la duración del test, también fue importante acortar el ComFor hasta donde fuera posible. Todos los ítems se evaluaron en función de un análisis de la coherencia interna de cada serie. Los ítems con una carga superior a 0,80 podían quitarse. Se quitaron tres de los nueve ítems, y los otros seis se mantuvieron debido a su relevancia clínica. Además, algunos de los ítems introducidos en 1999 tuvieron que reordenarse para garantizar que hubiera un grado progresivo de dificultad, y el límite superior de desarrollo evolutivo del grupo objetivo aumentó de 4 a 5 años.

En la versión de 2004 solo hubo cambios insignificantes. Un ítem que ya había provocado dudas en 2001 fue finalmente eliminado del ComFor. Con motivo de este cambio, el orden de los dos ítems siguientes se tuvo que invertir. Finalmente, se decidió cambiar el orden de los recipientes en el último ítem de la serie de aprendizaje, ya que algunos participantes tendían a ignorar la bandeja abierta colocada al lado de los dos recipientes con tapa. Este fenómeno es menos probable cuando la bandeja abierta se coloca entre dos recipientes con tapa, que resultan familiares.

Para establecer la validez de contenido de las series y de los niveles, se pidió a ocho expertos externos que juzgaran los ítems. A cuatro de ellos se les pidió asimismo que clasificaran los ítems en función de las cinco categorías predeterminadas (esto es, las cinco series; véase información sobre la implementación en 3.1). Los ítems se distribuyeron al azar y la tarea de los expertos consistió en asignar una categoría a cada uno de los ítems. Hubo un gran nivel de acuerdo entre las clasificaciones de los distintos expertos, quienes clasificaron de forma correcta la mayoría de los ítems. El único ítem que provocó desacuerdos fue el último de la primera serie (ítem D), en el cual las pelotitas y los bloques tenían que colocarse en recipientes cerrados, mientras que los peines debían clasificarse en una bandeja abierta. Este ítem está en el límite entre ensamblaje y clasificación. Dos expertos consideraron que este ítem pertenecía a las primeras series (ensamblar o encajar). Los otros dos expertos opinaban que pertenecía a las segundas series (clasificación). Estos resultados indican que los conceptos teóricos fueron, de hecho, implementados en el ComFor.

La versión final del ComFor consiste en dos niveles, con un total de cinco series y 36 ítems.

Nivel I: Presentación

Serie 1: Ensamblaje de objetos	6 ítems
Serie 2: Clasificación de objetos	7 ítems
Serie 3: Clasificación de gráficos	10 ítems

Nivel II: Representación

Serie 1: Clasificación con una forma	5 ítems
Serie 2: Clasificación con distintas formas	8 ítems

La estructura del ComFor se describe de forma extensiva en el apartado 5.1 Descripción del test.

4. Propiedades psicométricas

4.1. Introducción

Este capítulo trata de los datos relativos a la fiabilidad y la validez del ComFor. El estudio comenzó en 1999, y desde entonces el ComFor se ha revisado un par de veces (véase 3.2 Selección y Categorización de los ítems). Los datos que se presentan en este capítulo se refieren a la última revisión del ComFor, recogidos en el periodo comprendido entre enero del 2001 y junio del 2003.

En 4.2 y 4.3 se describen la muestra y el procedimiento seguido. En 4.4. se describe la coherencia interna, el test-retest y la fiabilidad entre evaluadores. En 4.5 se comenta la validez. Para ello, se comparan las puntuaciones de distintos grupos (4.5.1), la evolución de las puntuaciones de los distintos grupos analizados (4.5.2), las intercorrelaciones (4.5.3), los principales análisis de componentes realizados (4.5.4) y la relación con otros instrumentos y variables examinados (4.5.5 y 4.5.6, respectivamente). En 4.6. se ofrece la conclusión sobre la fiabilidad y la validez del ComFor.

4.2. Características de la muestra

Para el estudio de las propiedades psicométricas del ComFor se utilizaron diferentes muestras. La muestra total consistía en 623 niños y adultos de una región de habla holandesa (los Países Bajos y Flandes) con un nivel de desarrollo comprendido entre 12 meses y 5 años en el área de habilidades de la vida diaria, medidas con la versión holandesa de la escala Vineland (Sparrow, Carter y Cicchetti, sin fecha). La muestra total se dividió en tres submuestras:

- un grupo de niños y adultos con autismo y con discapacidad intelectual (n=310);
- un grupo de niños y adultos con discapacidad intelectual, pero sin autismo (n=174);
- un grupo control formado por niños con desarrollo evolutivo típico (n=139).

El estudio de la estructura del ComFor se llevó a cabo sobre la muestra total.

Para evaluar el concepto de validez del ComFor se compararon los resultados de las submuestras. Cuando sea necesario dentro de este manual, los datos de cada una de las submuestras se presentarán por separado. Asimismo, se seleccionó un grupo más pequeño para el estudio de validez test-retest (n=48) y para la fiabilidad entre evaluadores (n=171). Para la evaluación de la validez convergente se administró el Perfil-Z de Comunicación (Willems y Verpoorten, 1996) a una submuestra (n=40).

El grupo de niños con desarrollo evolutivo típico se seleccionó gracias a guarderías y colegios de primaria de Leiden, Rotterdam y Noordwijk (Países Bajos). La mayoría de los adultos se seleccionaron a través de instituciones y colegios de educación especial para personas con discapacidad intelectual de los Países Bajos y Flandes. Un grupo más reducido consistió en personas que asistían al Ambulatorio de la Facultad de Ciencias Sociales y del Comportamiento de la Universidad de Leiden. La muestra no incluyó participantes con dificultades sensoriales o motoras adicionales.

El nivel de funcionamiento de los participantes se determinó usando la escala de Vineland (Sparrow y cols., sin fecha), una escala de desarrollo adaptativo que mide —mejor que, por ejemplo, los test de inteligencia— el funcionamiento real del individuo en su entorno cotidiano (Kraijer y Plas, 2002). La escala se desarrolló por motivos de investigación y recientemente se adaptó y estandarizó para una muestra holandesa (Scholte y cols., en prensa). Las referencias normativas holandesas se utilizaron también para los participantes flamencos. En 4.5.5 se proporcionan más detalles sobre la escala Vineland holandesa.

Para poder comparar grupos con diferentes diagnósticos, la composición de las submuestras fue lo más homogénea posible. En el grupo de personas con autismo, solo se incluyeron participantes con «trastorno del autismo» (DSM-IV, 299.00). Los participantes con trastornos relacionados se excluyeron. Como comprobación adicional y principalmente para evitar la inclusión de personas con autismo sin diagnosticar en la submuestra de personas con discapacidad intelectual pero sin autismo, se aplicó una herramienta de evaluación holandesa, la AUTI-R (Van Berckelaer-Onnes y Hoekman, 1991), a todos los participantes. La AUTI-R se eligió debido a la clara correspondencia entre la definición de la AUTI-R y el criterio de «trastorno del autismo» de la DSM-IV (Kraijer y Plas,

2002). Es importante señalar que la AUTI-R no estaba estandarizada para adultos y niños con discapacidades intelectuales severas. Sin embargo, no existía ningún otro instrumento holandés alternativo específicamente diseñado para el autismo. La submuestra de personas con autismo solo incluyó participantes con la clasificación de «trastorno del autismo», según la AUTI-R (excluyendo por lo tanto a personas «sin clasificación» o «sin trastorno del autismo»). Por otro lado, la submuestra de personas con discapacidad intelectual pero sin autismo solo incluyó personas con la clasificación «sin trastorno del espectro del autismo» según la AUTI-R (excluyendo a «personas con autismo» o «sin clasificación»).

La tabla 4.1 presenta un resumen de las submuestras que componían la muestra total del ComFor.

Tabla 4.1. Resumen de las submuestras de la muestra total del ComFor (n=623)

	Discapacidad intelectual			
	Con autismo	**Sin autismo**	**Total**	**Control**
	n=310	**n=174**	**n=434**	**n=139**
M edad cronológica (en meses)	199,81	233,51	211,98	35,33
Desviación típica	166,32	188,92	175,37	12,25
M nivel adaptativo (en meses)	29,74	34,31	31,38	37,86
Desviación típica	10,71	10,85	10,97	12,92
M nivel adaptativo en habilidades de la vida diaria (en meses	38,98	41,50	39,88	36,35
Desviación típica	12,09	12,09	12,14	14,35
Niños (%)	71,3	64,9	69,0	100,0
Adultos (%)	28,7	35,1	31,0	0,0
Masculino(%)	79,4	58,6	71,9	58,3
Femenino (%)	20,6	41,4	28,1	41,7

Los datos de la tabla 4.1. muestran que la edad cronológica de los tres grupos es claramente diferente. Lógicamente, la edad cronológica media de los niños con desarrollo típico es la más baja; la edad cronológica de los participantes con discapacidad intelectual sin autismo es algo mayor que la edad cronológica de los participantes con discapacidad intelectual y autismo. La distribución masculino-femenino también es diferente. Tal y como se esperaba por las distintas investigaciones, la distribución más desigual ocurre en el grupo con autismo.

Si comparamos los dos grupos clínicos, está claro que la edad adaptativa media (medida con la escala Vineland) del grupo con autismo es inferior a la edad adaptativa media del grupo sin autismo. Según Kraijer (2000), quien recomienda utilizar el nivel de habilidades diarias como variable a emparejar en los estudios comparativos con personas con discapacidad intelectual, la Tabla 4.1 muestra también los resultados para el dominio de habilidades de la vida diaria de la escala Vineland. Las medias para los grupos con y sin autismo están cercanas (38.98 frente a 41.50) pero aún así son considerablemente diferentes.

Al seleccionar a un niño sin autismo por cada niño con autismo y a un adulto sin autismo por cada adulto con autismo con el mismo nivel de habilidades de la vida diaria (o con una diferencia máxima de 15 días), se formaron dos grupos comparables de 155 individuos cada uno. Las características de estos grupos se presentan en la Tabla 4.2.

Tabla 4.2. Resumen de las dos submuestras emparejadas

	Con autismo n=155	Sin autismo n=155	Total n=310
M edad cronológica (en meses)	204,22	221,88	213,08
Desviación típica	157,13	185,64	171,97
M nivel adaptativo (en meses)	30,98	34,62	32,80
Desviación típica	10,85	11,05	11,08
M nivel adaptativo en habilidades de la vida diaria (en meses)	41,32	41,34	41,33

Desviación típica	11,90	11,89	11,88
Niños (%)	69,7	69,7	69,7
Adultos (%)	30,3	30,3	30,3
Masculino(%)	79,4	58,7	69,0
Femenino (%)	20,6	41,3	31,0

4.3. Procedimiento

Se les pidió a los principales cuidadores de las personas evaluadas (los padres, si estas vivían en casa, o los profesionales, si vivían en un centro residencial) que completaran la escala Vineland y la AUTI-R. Si los participantes cumplían el criterio (ver 4.2), se aplicaba el ComFor. Los administradores del test eran ayudantes de investigación y estudiantes del Departamento de Estudios Clínicos Infantiles y Adolescentes de la Facultad de Ciencias Sociales y del Comportamiento de la Universidad de Leiden. Su formación consistía en un curso sobre el ComFor y una sesión clínica basada en detalles y dificultades en la realización del test. Posteriormente, tenían que aplicar por lo menos una vez el test, lo cual se grababa y analizaba más tarde. Todo el proceso de recogida de datos estaba supervisado por uno de los investigadores. Todas las administraciones del test se grabaron en vídeo por motivos de validez y para una comprobación posterior de todas las puntuaciones. (ver 4.4.3)

4.4. Fiabilidad

4.4.1. Coherencia interna

La coherencia interna de las series y de los niveles en el ComFor se estableció con el coeficiente alfa de Cronbach. Se hicieron análisis con el grupo en su totalidad, con el grupo con discapacidad intelectual (también por separado con las personas con y sin autismo) y con el grupo control. Los resultados se proporcionan en la tabla 4.3.

Tabla 4.3. Coherencia interna de las series y niveles del ComFor (coeficiente alfa de Cronbach)

	Total N=623	**Con autismo N=310**	**Sin autismo N=174**	**Total N=484**	**Control N=139**
Serie 1 (6 ítems)	0,83	0,87	0,80	0,84	0,80
Serie 2 (7 ítems)	0,91	0,93	0,90	0,92	0,87
Serie 3 (10 ítems)	0,93	0,94	0,91	0,93	0,90
Serie 4 (5 ítems)	0,85	0,87	0,83	0,86	0,80
Serie 5 (8 ítems)	0,92	0,94	0,90	0,92	0,90
Nivel I (23 ítems)	0,95	0,96	0,94	0,95	0,93
Nivel II (13 ítems)	0,94	0,95	0,92	0,94	0,92

La interpretación de los coeficientes de fiabilidad depende del objetivo del instrumento (Nunnally y Bernstein, 1994). Si un instrumento se usa para tomar decisiones que son irreversibles a corto plazo, la fiabilidad debe ser al menos de 0,90 mientras que para decisiones reversibles es suficiente un coeficiente de 0,80. Para usarlos con el grupo nivel, coeficientes superiores a 0,70 se consideran «buenos». Teniendo en cuenta el objetivo del ComFor —la indicación de un sistema de comunicación aumentativa es una decisión en principio reversible— los datos de la tabla 4.3 apoyan la coherencia interna de las series y de los niveles del ComFor.

4.4.2. Fiabilidad entre evaluadores

Para establecer la fiabilidad entre evaluadores, una segunda persona (ayudante de investigación o estudiante del Departamento de Estudios Clínicos Infantiles y del Adolescente) volvió a evaluar 171 administraciones grabadas. Se midieron los coeficientes Kappa de Cohen para cada uno de los ítems del ComFor(véase el apéndice 1). La fiabilidad entre evaluadores resultó ser muy alta. El valor medio del coeficiente Kappa es 0,95. Para el ítem A3, k=0,80. El resto de los valores son todos superiores a 0,91. Un análisis cualitativo de los datos relativos al ítem A3 reveló que los evaluadores normalmente estaban en desacuerdo con respecto a la cantidad de ayuda que se podía ofrecer para ensamblar los aros en el recipiente.

En cuanto a las submuestras clínicas, los valores Kappa en el grupo con autismo y discapacidad intelectual (n=49) varían entre 0,88 y 1,00, mientras que los valores Kappa en el grupo de personas que tienen solamente discapacidad individual (n=51) varía entre 0,85 y 1,00.

En lo que se refiere a estos altos valores Kappa, es importante tener en cuenta que todos los evaluadores recibieron los cursos de formación mencionados con anterioridad. Además, la puntuación del ComFor es dicotómica: correcto o incorrecto. Tan pronto como un objeto o tarjeta se clasifica de forma incorrecta, todo el ítem se considera incorrecto. Por este motivo, no puede haber demasiado grado de desacuerdo entre los evaluadores.

4.4.3. Fiabilidad test-retest

Para establecer la estabilidad de las puntuaciones, el ComFor se administró dos veces en un intervalo de dos semanas (n=48). La media de las puntuaciones totales de la primera administración fue 13,46 (desviación típica=10,15). En la segunda ocasión los participantes obtuvieron una puntuación media de 14,27 (desviación típica=10,35).

La fiabilidad test-retest se estableció mediante los coeficientes de correlación Pearson (r) y Spearman (r) para las puntuaciones totales de niveles y de series. Los resultados de Spearman fueron más cautelosos (Tabla 4.4), mientras que las correlaciones de Pearson fueron normalmente mayores.

Tabla 4.4. Fiabilidad test-retest (Coeficiente r de Spearman) de las puntuaciones totales, de nivel y de serie del ComFor

	Total **N=48**	**Con autismo** **N=22**	**Sin autismo** **N=26**
Total	0,98	0,98	0,98
Presentación	0,97	0,97	0,99
Representación	0,91	0,84	0,91
Serie 1	0,95	0,95	0,95
Serie 2	0,93	0,93	0,94
Serie 3	0,90	0,81	0,97
Serie 4	0,87	0,81	0,89
Serie 5	0,91	0,88	0,86

La tabla 4.4 muestra que las puntuaciones totales, de niveles y de serie, del ComFor son estables dentro de un intervalo de tiempo de dos semanas. Sin embargo, en las submuestras de personas con discapacidad intelectual y autismo, existen diferencias significativas entre las series. Análisis cualitativos de los datos de los individuos revelaron dos tendencias:

Existe cierto efecto de aprendizaje, que es más visible en las series más complicadas; los resultados más altos son los menos estables.

Esto es significativo desde un punto de vista clínico. El sistema de comunicación alternativa que se seleccione debe tener en cuenta cierto grado de inestabilidad en las puntuaciones más altas de los participantes. Para elegir un sistema de forma segura, se recomienda comenzar algo por debajo del nivel más alto, tal y como se comenta en 7.2.1. (*Indicaciones Generales sobre el Sistema de Comunicación Alternativa*).

4.5. Validez

4.5.1. Comparación de las submuestras

Tal y como se describe en 4.2, se crearon dos grupos para comparar a los participantes con discapacidad intelectual con y sin autismo. Estos grupos estaban igualados en sus habilidades para la vida diaria, medidas con la escala Vineland. Cada uno de estos grupos constaba de 155 participantes. Véase la tabla 4.2 para información sobre las características de cada grupo.

Si nos basamos en la hipótesis de la coherencia central (véase 2.3), podríamos anticipar una diferencia en los resultados del ComFor. Las personas con autismo presentan un desarrollo cualitativamente diferente de la percepción, atribución de significados y comunicación. Su punto fuerte es la percepción de características perceptibles literalmente, pero tienen más dificultades para la atribución de significados que van más allá de la literalidad, sobre todo cuando tienen que basarse en información transitoria y multimodal. En teoría, en el nivel de presentación, las personas con autismo conseguirán mejores resultados que las personas sin autismo.

Dado que el ComFor solo evalúa significados funcionales primarios no transitorios (véase 3.1), las puntuaciones de las personas con autismo no son necesariamente más bajas que las de las personas sin autismo en el nivel de presentación. Sin embargo, podemos anticipar cierta discrepancia entre los valores obtenidos en el nivel de representación. Para que esta discrepancia sea visible, se utilizó una puntuación rectificada, obtenida al restar la puntuación del nivel de representación de la puntuación del nivel de presentación. En las submuestras emparejadas, los resultados de la resta varían entre 0 y 19.

Las diferencias entre los dos grupos se evaluaron con Tests-T de muestras independientes. Los resultados se presentan en la tabla 4.5.

Tabla 4.5 Comparación entre las submuestras emparejadas

	Con autismo (n=155)		Sin autismo (n=155)		
	M	Desviación típica	M	Desviación típica	T(df=308)
Total	19,56	11,50	17,58	9,92	1,62
Presentación	14,79	7,12	13,24	6,08	2,06
Representación	4,77	4,84	4,34	4,12	0,85
Resta	10,01	4,00	8,90	3,09	2,75*
Serie 1	5,59	1,17	5,71	0,79	-1,03
Serie 2	4,52	2,80	3,94	2,60	1,89
Serie 3	4,67	4,01	3,59	3,33	2,59
Serie 4	1,69	1,90	1,20	1,61	2,45
Serie 5	3,08	3,10	3,14	2,76	-0,17

La tabla 4.5 muestra que el grupo con autismo consiguió mayores puntuaciones en casi todos los aspectos del ComFor, a excepción de las series 1 y 5. La varianza fue alta para ambos grupos.

Tal y como se anticipaba, los resultados del grupo con autismo muestran una mayor discrepancia (véase la resta en la tabla 4.5; p=0,006, significativo después de la corrección Bonferroni). Las personas con autismo muestran por lo tanto una mayor diferencia entre las puntuaciones en los niveles de presentación y de representación, comparados con las personas sin autismo.

Más tarde se llevaron a cabo tests $\chi 2$ con cada uno de los ítems para obtener una explicación más detallada sobre el origen de estas discrepancias entre personas con y sin autismo. La tabla 4.6 contiene una lista de los ítems que revelan diferencias significativas entre las dos muestras.

Tabla 4.6. Ítems que se diferencian significativamente entre las dos muestras

Series	Ítem	χ2 (df=1)
Serie 2	5	8,07 *
	6	8,75 *
	7	9,60 *
Serie 3	13	16,34 **
	16	14,70 **
	17	14,20 **
Serie 4	19	9,52 *

* p<0,01

** p<0,001, significativo después de la corrección Bonferroni

Los ítems que proporcionaron la mayor discriminación entre las muestras fueron los ítems 13, 16 y 17 (p<0,001, significativo tras la corrección Bonferroni). Estos involucran tareas de clasificación de las letras E, F y L (ítem 13); tarjetas con los números 25, 26 y 29 (ítem 16) y tarjetas con las palabras «bed», «bad» y «kam» (en castellano «cama», «bañera» y «peine») respectivamente. Los dibujos eran muy claros, sin ningún detalle que pudiera haber distraído a los participantes.

Curiosamente, para los participantes sin lectoescritura —la mayoría en la muestra— estos son los únicos ítems «sin significado» de la serie 3. Por lo tanto, las tarjetas deben clasificarse según su forma. La atribución de significado más allá de las características físicas perceptibles literalmente no ofrece ninguna ayuda. Aunque estrictamente la atribución de significado más allá de la literalidad no se necesita para agrupar los otros ítems de la serie 3, el establecimiento de significados sí que puede ofrecer una ayuda extra. Las personas con autismo tienden a prestar más atención a las características físicas perceptibles literalmente. Es probable que esta tendencia conduzca a resultados más altos en los ítems 13, 16 y 17.

Las diferencias en los otros cuatro ítems pierden importancia tras la corrección de Bonferroni. La serie 2 contiene tres ítems en los cuales el grupo con autismo obtuvo mejores resultados (p<0,01): el ítem 5 (círculos pequeños, círculos grandes, óvalos), el ítem 6 (cubos, bloques planos y bloques gruesos) y el ítem 7 (cucharas de postre, de té y de sopa). Sorprendentemente, al igual que en la serie 3, estos son exactamente los ítems que requieren buena discriminación de formas y en los cuales la atribución de significado más allá de la literalidad no ofrece demasiada ayuda.

Con respecto a la serie 4, hay una diferencia entre las dos submuestras en el ítem 19 (cucharas, cuchillos y tenedores de distintas cuberterías) (p<0,01). Puesto que este ítem conlleva la clasificación de información no idéntica, está incluido en el nivel de representación en el ComFor. Sin embargo, tal y como se ha mencionado anteriormente con respecto a algunos ítems de las series 2 y 3, se puede resolver simplemente basándonos en la forma (por lo tanto, atribución de significado en el nivel de presentación).

El descubrimiento de que la discrepancia entre las puntuaciones en el nivel de presentación y en el nivel de representación es mayor en las personas con autismo que en las personas sin autismo, apoya la hipótesis de que el autismo se caracteriza por una diferencia cualitativa en el desarrollo de la percepción, la atribución de significados y la comunicación, lo cual conllevará intervenciones específicas. Si un individuo posee grandes habilidades en el nivel de presentación, podemos hacer uso de estas al implementar el sistema de comunicación aumentativa (véase 7.2.3.2). Estas mayores habilidades en el nivel de presentación pueden compensar las relativamente débiles habilidades en el nivel de representación.

4.5.2. Evolución de las puntuaciones en las submuestras clínicas

Tal y como se ha explicado extensamente en 7.1 (*Introducción a la Interpretación de los Resultados*), el ComFor no se ha diseñado para comparar los resultados de unos participantes con los de otros. Dentro del contexto de la determinación del sistema de comunicación aumentativa, lo principal es establecer con qué tipo de ítems tiene éxito la persona evaluada y con cuáles tiene dificultades. Por otro lado, para una interpretación clínica de los resultados, puede ser útil saber de qué modo los ítems y las series están relacionados en cuanto a su dificultad. En la tabla 4.7 se presenta la evolución de los resultados de las submuestras clínicas (discapacidad intelectual con y sin autismo).

Tabla 4.7. Evolución de las puntuaciones de las submuestras clínicas (n=484)

Serie	Ítem	Porcentaje con éxito
Serie 1	Ítem A1	98,6
	Ítem A2	97,5
	Ítem A3	96,5
	Ítem B	93
	Ítem C	87,8
	Ítem D	85,5
Serie 2	Ítem 1	77,1
	Ítem 2	70
	Ítem 3	67,8
	Ítem 4	65,3
	Ítem 5	51,9
	Ítem 6	48,8
	Ítem 7	40,5
Serie 3	Ítem 8	62,8
	Ítem 9	55,2
	Ítem 10	55,8
	Ítem 11	49,2
	Ítem 12	43
	Ítem 13	42,1
	Ítem 14	38,5
	Ítem 15	26,4
	Ítem 16	26
	Ítem 17	15,3

Serie 4	Ítem 18	37,6
	Ítem 19	36,3
	Ítem 20	33,3
	Ítem 21	24,4
	Ítem 22	11,8
Serie 5	Ítem 23	54,1
	Ítem 24	52,1
	Ítem 25	49,8
	Ítem 26	42,6
	Ítem 27	41,1
	Ítem 28	37,6
	Ítem 29	15,1
	Ítem 30	9,5

La tabla 4.7 muestra claramente que las series están superpuestas en términos de dificultad. En principio, el comienzo de cada serie es más fácil que el final de la serie anterior; la única excepción se da en la serie 1, que es en su totalidad más fácil que la serie 2. El principio de la serie 5 es aún más fácil que el principio de la serie 4, pero la serie 5 termina a un nivel más alto.

Los ítems dentro de cada serie están ordenados en función de su dificultad. Las puntuaciones de niños con desarrollo típico se tomaron como punto de referencia para establecer el orden. Tal y como se muestra en la tabla 4.7. la dificultad creciente también prevalece para los grupos clínicos. Sin embargo, debemos tener en cuenta que este no es el caso para las submuestras (véase el apéndice 2). Tal y como se anticipaba basándonos en el marco teórico y en los datos presentados en 4.5.1, en el grupo con autismo podemos detectar varias desviaciones con respecto al grado creciente de dificultad. En concreto, parece ser que las personas con autismo encuentran los ítems 13, 16 y 19 más fáciles que los precedentes. Por este motivo, esos ítems normalmente sobresalen en los perfiles del ComFor. El capítulo 7 explica lo que esto significa a la hora de elegir el sistema de comunicación aumentativa.

4.5.3. Intercorrelación entre las puntuaciones totales, de los niveles y de las series

Para determinar cómo están relacionadas las puntuaciones totales, de nivel y de serie, se calcularon intercorrelaciones en toda la muestra (N=623). Los resultados se proporcionan en las tablas 4.8 y 4.9.

Tabla 4.8. Correlaciones (r de Pearson) entre la puntuación total y las de las series

	Serie 1	Serie 2	Serie 3	Serie 4	Serie 5
Total	-				
Series 1	.51	-			
Series 2	.90	.52	-		
Series 3	.95	.38	.81	-	
Series 4	.86	.28	.67	.81	-
Series 5	.92	.36	.75	.84	.81

Todas las correlaciones son significativas (p < .001)

Tabla 4.9. Intercorrelaciones (r de Pearson) entre las puntuaciones totales y los niveles.

	Total	Presentación	Representación
Total	-		
Presentación	.97	-	
Representación	.94	.84	

Todas las correlaciones son significativas (p < .001)

El hecho de que todas las correlaciones sean substanciales indica que los contenidos de las series son coherentes entre sí. Las correlaciones de las series individuales con las puntuaciones totales son normalmente mayores que las correlaciones entre las series, lo cual es lógico, dado que la puntuación de cada serie se correlaciona consigo misma como parte de la puntuación total. Por el mismo motivo, los niveles se correlacionan en mayor medida con el total que entre ellos mismos. La serie 1 (ensamblaje de objetos) es la que menos se correlaciona con otras series y con el total. Esto se debe a que la distribución de las puntuaciones de la serie 1 es muy sesgada, ya que el 83,9% de los participantes consiguieron la puntuación máxima. La serie 1 se conoce como «serie de aprendizaje», y en ella las personas evaluadas aprenden a clasificar paso a paso. Si una persona evaluada no consigue la puntuación total, normalmente se interrumpirá la administración del ComFor (después de considerar ciertas excepciones).

Las correlaciones son comparables en cada una de las submuestras (véase el apéndice 3).

4.5.4. Análisis de componentes principales (ACP)

Para establecer la estructura interna del ComFor, se llevó a cabo un análisis de los componentes principales (ACP) con los resultados del ComFor obtenidos por el subgrupo de personas con autismo (n=310). La decisión de llevar a cabo el ACP con este subgrupo y no con la muestra total se basó en el hecho de que el ComFor es una prueba específica para autismo. Tal y como se explicó en 4.5.1, las personas con autismo muestran una mayor discrepancia entre las puntuaciones en el nivel de presentación y las puntuaciones en el nivel de representación. Además, se tuvo que llevar a cabo una rotación oblicua: los niveles de presentación y de representación no son dos factores independientes (tal y como se presupone cuando se usa una rotación ortogonal), sino que existe una correlación entre ellos (véase el apéndice 3 para obtener información sobre las correlaciones entre las puntuaciones en los niveles de presentación y representación en las personas evaluadas con autismo). A nivel de desarrollo, la presentación precede a la representación.

El ACP dio como resultado una solución con tres componentes. El primer componente explica el 51% de la varianza (Valor propio = 18,43); el segundo, el 10% (Valor propio = 3,83) y el tercero, casi el 6% de la varianza (Valor propio = 2,06). La tabla 4.10 muestra la carga de los ítems de los tres componentes después de la rotación oblicua ($\delta = 0$; matriz estructural).

Tabla 4.10. Cargas de ítems de la solución de tres componentes, tras el ACP con rotación oblicua en la submuestra de participantes con autismo (n=310)

	Componente 1	Componente 2	Componente 3
Ítem A1	*	0,81	*
Ítem A2	*	0,90	0,24
Ítem A3	*	0,90	0,28
Ítem B	*	0,84	0,43
Ítem C	0,23	0,69	0,59
Ítem D	0,27	0,60	0,64
Ítem 1	0,37	0,41	0,81
Ítem 2	0,41	0,35	0,85
Ítem 3	0,42	0,32	0,85
Ítem 4	0,48	0,28	0,90
Ítem 5	0,58	0,21	0,83
Ítem 6	0,64	*	0,82
Ítem 7	0,50	*	0,70
Ítem 8	0,55	0,25	0,88
Ítem 9	0,56	0,21	0,82
Ítem 10	0,53	0,20	0,86
Ítem 11	0,73	*	0,77
Ítem 12	0,76	*	0,72
Ítem 13	0,73	*	0,78
Ítem 14	0,74	*	0,58
Ítem 15	0,78	*	0,50
Ítem 16	0,81	*	0,51
Ítem 17	0,72	*	0,35
Ítem 18	0,75	*	0,64
Ítem 19	0,79	*	0,67
Ítem 20	0,73	*	0,55
Ítem 21	0,82	*	0,48
Ítem 22	0,63	*	0,28

Ítem 23	0,71	*	0,75
Ítem 24	0,75	*	0,72
Ítem 25	0,80	*	0,74
Ítem 26	0,87	*	0,69
Ítem 27	0,84	*	0,64
Ítem 28	0,86	*	0,63
Ítem 29	0,65	*	0,31
Ítem 30	0,59	*	0,21

* No se muestran las cargas inferiores a 0,20.

El segundo componente se puede denominar «presentación–ensamblaje» dado que todos los ítems de la serie 1 (nivel de presentación, «ensamblaje de objetos») tienen una carga alta (>0,80). Los ítems con una carga alta en el tercer componente son todos ellos ítems de las series 2 y 3 (nivel de presentación: «clasificación de objetos» y «clasificación de fotos»). Por lo tanto, el tercer componente se puede denominar «presentación-clasificación»). El ítem D —en el cual bolitas y bloques deben encajarse en un recipiente cerrado, mientras que las cucharas deben clasificarse en una bandeja abierta— está en el límite entre el ensamblaje y la clasificación, lo cual se confirma en la tabla 4.10. Los ítems con una carga alta en el primer componente son principalmente ítems de las series 4 y 5 (nivel de representación: «clasificación de una forma» y «clasificación de diferentes formas»). Por lo tanto, la mejor descripción para el primer componente es «representación–clasificación».

El segundo componente se distingue perfectamente de los componentes primero y tercero, a pesar de que los ítems más sencillos de la serie 2 tienen de alguna manera carga en el segundo componente. Esto resulta sorprendente, ya que el ensamblaje es un precursor de la clasificación.

Las primeras series tratan de ofrecer una idea sobre la actividad del test, mediante estructuras de ensamblaje. Todos los ítems de las series 2, 3, 4 y 5 tienen más o menos carga en los componentes primero y tercero. La importancia del tercer componente disminuye a medida que la importancia del primer componente aumenta de forma global, lo cual indica que los niveles de presentación y representación deberían conceptualizarse como dos niveles emergentes de «atribución de significados».

La estructura interna del ComFor es coherente con la solución de los tres componentes, tras la rotación oblicua. Sin embargo, en tres ítems de la serie 3 (ítems 11,12 y 13) la carga es sustancial, tanto en el primer componente, como en el tercero. Además, en cuatro ítems (ítems 14, 15, 16 y 17) la carga es aún mayor en el primer componente que en el tercero. Para las personas con autismo, estos son los ítems más difíciles a nivel de presentación (Noens y Van Bercklaer-Onnes, 2007). Por el contrario, en los ítems 23 y 24, los más fáciles en el nivel de representación, la carga en el tercer componente es también sustancial. Parece haber un tipo de área de transición de presentación a representación. La recomendación de un determinado sistema aumentativo de comunicación debería tener en cuenta esta área de transición (véase nivel de «atribución de significados», 7.2.3).

Los tres componentes se corresponden generalmente con las recomendaciones globales de comunicación aumentativa basadas en el ComFor. En 7.2.3 se hace una distinción entre la comunicación aumentativa en el nivel de presentación y en el nivel de representación. En el nivel de presentación se desarrollaron dos estrategias: «ensamblaje» y «emparejamiento». El ensamblaje se refiere a «presentación – ensamblaje»; el emparejamiento se refiere a la asociación de dos formas idénticas y se puede considerar «presentación–clasificación». El término «clasificación» se introdujo para distinguir la clasificación en el nivel de presentación de la clasificación en el nivel de representación en la práctica clínica. Para más información sobre «ensamblaje» y «emparejamiento» véase 7.2.3.2.

Si se excluyen los ítems de la serie 1, con el análisis de componentes principales se obtiene una solución de dos componentes; después de la rotación oblícua, la carga de los ítems de los componentes «presentación-clasificación» y «representación-clasificación» es prácticamente la misma; la distribución de los ítems de ambos componentes es idéntica.

Los resultados de los análisis de las otras submuestras y de la muestra total también son soluciones de tres componentes; sin embargo, después de la rotación oblícua, la estructura interna del ComFor es menos reconocible. Las primeras series aún se pueden distinguir, pero la distinción entre presentación y representación se desvanece. Esto apoya la noción de que la disociación entre presentación y representación es específica del autismo.

4.5.5. Relación con otros instrumentos

4.5.5.1. Correlación con el «Perfil de comunicación Z»

Un método muy frecuente usado para demostrar validez consiste en medir correlaciones con instrumentos que miden más o menos el mismo concepto. Willems (1996) indicó anteriormente que es difícil encontrar medidas válidas para establecer una validez convergente en el caso de la comunicación no verbal. De momento, no existe ningún otro instrumento que tenga el mismo objetivo que el ComFor: atribución de significados con respecto a formas no transitorias de comunicación en los niveles de presentación y representación. El único instrumento que incluye algunos elementos comparables es el «Perfil de comunicación Z» (en holandés: *Communicatie Profiel-Z*; Willems y Verpoorten, 1996).

El Perfil de comunicación Z recoge información de forma sistemática sobre las formas de comunicación expresiva y receptiva de personas con discapacidad intelectual. Este perfil consiste en dos partes: un cuestionario y un test. En el estudio de validez del ComFor se utilizó únicamente el test. Este test consiste en cuatro subescalas: receptiva no verbal, receptiva verbal, expresiva no verbal y expresiva verbal. Las propiedades psicométricas de este perfil se estudiaron con detalle (Willems, 1996) y el Comité de Asuntos de Tests (COTAN) de la Asociación de Psicólogos de los Países Bajos las dio por buenas.

El ComFor y el Perfil de comunicación Z se han implementado de forma diferente. En primer lugar, el Perfil de comunicación Z es más amplio que el ComFor, el cual se centra únicamente en la percepción receptiva no verbal. En segundo lugar, el Perfil de comunicación Z no diferencia explícitamente entre presentación y representación; la mayoría de sus ítems son a nivel de representación.

El Perfil de comunicación Z se administró a 20 participantes con discapacidad intelectual y autismo y a 20 participantes con discapacidad intelectual y sin autismo. La correlación (r de Pearson) entre las puntuaciones totales en el ComFor y en el Perfil de comunicación Z es 0,61 ($p<0,01$). La Tabla 4.11 muestra las correlaciones entre los dos niveles del ComFor y las cuatro subescalas del Perfil de comunicación Z.

La Tabla 4.11 indica que las cuatro subescalas del Perfil de comunicación Z se correlacionan de forma positiva con los niveles del ComFor; la mayoría de las correlaciones son significativas. De acuerdo con las diferentes puestas en funcionamiento del ComFor y del Perfil de Comunicación Z, las correlaciones con representación son mayores que las correlaciones con presentación, las no verbales son mayores que las verbales y las receptivas, ligeramente mayores que las expresivas.

Tabla 4.11 Correlaciones (r de Pearson) entre el ComFor y el Perfil de Comunicación Z (n=40)

	Presentación	**Representación**
Receptivo, no verbal	0,65 *	0,72*
Receptivo, verbal	0,43*	0,53*
Expresivo, no verbal	0,60*	0,71*
Expresivo, verbal	0,31	0,39

* p<0,1

4.5.5.2. Correlación con la escala Vineland 0-6 años

Las puntuaciones del ComFor se han correlacionado con las puntuaciones de la escala Vineland 0-6 años, una traducción y adaptación holandesa de la versión norteamericana de la escala Vineland (Sparrow y cols., sin fecha), las cuales se desarrollaron exclusivamente por motivos de investigación.

La escala Vineland Holandesa 0-6 años (Scholte y cols., en prensa) es un cuestionario que mide el desarrollo adaptativo de personas con discapacidad intelectual y un nivel de desarrollo comprendido entre los 0 y los 6 años, en comparación con personas de desarrollo típico de entre 0 y 6 años. El término «funcionamiento adaptativo» se refiere a la medida en que un individuo es capaz de llevar a cabo actividades diarias que son necesarias para la independencia personal y social (Sparrow y cols., sin fecha). La escala Vineland comprende cuatro ámbitos de funcionamiento adaptativo: comunicación, habilidades de la vida diaria, socialización y habilidades motoras.

A diferencia de lo ocurrido con el Perfil de comunicación Z, el motivo de medir las correlaciones entre los resultados del ComFor y los de la escala Vineland es doble. Mientras que el Perfil de comunicación Z puede considerarse un instrumento comparable, este no es el caso con la escala Vineland. El ComFor no mide el funcionamiento (adaptativo), ya que no se trata de una escala de desarrollo. Sin embargo, por otro lado, el desarrollo evolutivo tiene un impacto en la percepción y la atribución de significados. En primer lugar, las correlaciones se midieron para obtener una primera impresión sobre la relación entre desarrollo y atribución de significados. En principio, se podría presumir que las correlaciones más altas entre las puntuaciones de la escala Vineland y del ComFor se encontrarían entre el grupo control de participantes con desarrollo típico, ya que las personas con autismo y/o discapacidad intelectual tienen un desarrollo atípico o más lento.

Un segundo motivo para medir las correlaciones con la escala Vineland está relacionado con el hecho de que no existe una valoración directa sobre el grado de atribución de significados en el contexto diario. En consecuencia, se tuvieron que utilizar valoraciones indirectas para obtener una indicación sobre la validez del criterio relacionado. La escala Vineland se puede considerar un criterio indirecto, ya que está relacionada con el funcionamiento adaptativo de una persona en su ambiente diario. En teoría, la percepción y la atribución de significados influirán en el funcionamiento diario de forma significativa.

La escala Vineland Holandesa de 0-6 años se ha adaptado y estandarizado recientemente con un grupo neerlandés (Scholte y cols., en prensa). La fiabilidad y la validez de la versión norteamericana de las Escalas Vineland de Conducta Adaptativa se han estudiado e investigado ampliamente. En lo que respecta a la versión holandesa de la escala Vineland de 0-6 años, todos los coeficientes de fiabilidad interexaminador, de fiabilidad test-retest y de coherencia interna fueron de 0,89 o más en la puntuación total y en cada una de las puntuaciones de los ámbitos. La calidad de la escala Vineland es suficiente como criterio para el ComFor. Véanse los resultados en las tablas 4.12, 4.13 y 4.14.

Las tablas 4.12, 4.13 y 4.14 muestran claramente las correlaciones positivas existentes entre las puntuaciones del ComFor y de la escala Vineland. Tal y como se esperaba, la correlación es más fuerte en la submuestra de individuos con desarrollo típico que en las submuestras de individuos con discapacidad intelectual. El hecho de que la correlación en socialización sea un poco menor que en otros ámbitos se puede explicar por el hecho de que la implementación del ComFor tiene en cuenta las dificultades de interacción social de las personas con autismo. El ComFor está organizado de una forma tan estricta que el uso de habilidades sociales es mínimo. Por otro lado, se podría argumentar que toda situación de test requiere un mínimo de adaptación social. Es importante tener en cuenta que la escala Vineland es simplemente un instrumento de evaluación, y que no puede proporcionar una descripción diferenciada del desarrollo adaptativo.

Tabla 4.12. Correlaciones (r de Pearson) entre la puntuación total del ComFor y las puntuaciones de la escala Vineland

	Discapacidad intelectual			
Escala Vineland	**Total (n=623)**	**Con autismo (n=310)**	**Sin autismo (n=174)**	**Control (n=139)**
Total	0,71	0,74	0,70	0,82
Comunicación	0,64	0,68	0,57	0,82
Habilidades de la vida diaria	0,61	0,58	0,63	0,80
Socialización	0,45	0,54	0,52	0,68
Habilidades motoras	0,66	0,66	0,61	0,77

Todas las correlaciones son significativas (p<0,001).

Tabla 4.13. Correlaciones (r de Pearson) entre las puntuaciones del nivel de presentación del ComFor y las puntuaciones de la escala Vineland

		Discapacidad intelectual		
Escala Vineland	**Total (n=623)**	**Con autismo (n=310)**	**Sin autismo (n=174)**	**Control (n=139)**
Total	0,67	0,70	0,69	0,78
Comunicación	0,60	0,63	0,55	0,80
Habilidades de la vida diaria	0,59	0,57	0,65	0,77
Socialización	0,41	0,50	0,47	0,64
Habilidades motoras	0,65	0,66	0,61	0,72

Todas las correlaciones son significativas (p<0,001).

Tabla 4.14. Correlaciones (r de Pearson) entre las puntuaciones del nivel de representación del ComFor y las puntuaciones de la escala Vineland

		Discapacidad intelectual		
Escala Vineland	**Total (n=623)**	**Con autismo (n=310)**	**Sin autismo (n=174)**	**Control (n=139)**
Total	0,69	0,72	0,68	0,79
Comunicación	0,63	0,68	0,57	0,78
Habilidades de la vida diaria	0,57	0,54	0,54	0,77
Socialización	0,46	0,55	0,54	0,67
Habilidades motoras	0,62	0,60	0,57	0,75

Todas las correlaciones son significativas (p<0,001).

4.5.6. Relaciones con otras variables

Se han estudiado los resultados del ComFor en relación con dos variables, ninguna de las cuales se esperaba que se correlacionaría con los resultados del

ComFor (sexo y zona de residencia), y con otras dos variables con las que sí se esperaba correlación (tipo de educación/apoyos y nivel de lenguaje).

En primer lugar, se tuvo en cuenta el sexo. Tal y como se esperaba, los resultados del test-t con muestras independientes demostraron que estadísticamente no existen diferencias significativas entre los resultados del ComFor de los participantes con sexo masculino (n=429) y femenino (n=194). Las diferencias no son significativas en ninguna de las submuestras.

En segundo lugar, se evaluó la relación entre los resultados del ComFor y la zona de residencia. Para establecer dos grupos comparables de un número razonable, todos los participantes con discapacidad intelectual se dividieron en dos grupos: participantes que vivían en el centro de los Países Bajos (n=252) y participantes que no vivían en el centro de los Países Bajos (norte y sur de los Países Bajos y Flandes) (n=232). Los resultados del test-t obtenidos con muestras independientes demostraron que estadísticamente no existían diferencias significativas entre las dos submuestras. Las diferencias tampoco fueron significativas cuando el test-t se llevó a cabo únicamente con los resultados de los participantes con autismo.

En tercer lugar, se examinó la correlación entre los resultados del ComFor y el tipo de educación y/o apoyos. La muestra del ComFor estaba formada por 320 niños con discapacidad intelectual; 188 acudían a un colegio para niños con discapacidad intelectual (principalmente discapacidad intelectual moderada/severa), mientras que 132 acudían a un centro de día para niños con discapacidad intelectual (principalmente severa/profunda). Las puntuaciones totales y por nivel de ambos grupos se examinaron con tests-t con muestras independientes. Tal y como se esperaba, los niños del colegio obtuvieron resultados significativamente mejores que los del centro de día en las puntuaciones totales (t(318) = 9,45, p<0,001) y en las puntuaciones por nivel (t(247,89) = 8.66; y t(306,51) = 9,27 respectivamente, p<0,001).

En cuarto lugar, se evaluó la relación entre las puntuaciones del ComFor y el nivel de lenguaje de las submuestras clínicas. Se eligió un ítem de la escala Vineland como criterio para determinar el nivel del lenguaje. Este ítem era «utiliza al menos 50 palabras reconocibles», y se refiere al uso de palabras en la vida diaria (no durante la situación de test). No obstante, debemos tener en cuenta que un vocabulario expresivo de 50 palabras no garantiza su uso funcional. De los 483 participantes de las submuestras con discapacidad intelectual (con y sin autismo), se sabía que 269 participantes tenían un vocabulario expresivo de al menos 50 palabras reconocibles, mientras que ese no era el caso con los otros 214 participantes. Las puntuaciones totales y de nivel se compararon con tests-t con muestras independientes. Los resultados mostraron diferencias significativas en las puntuaciones totales ($t(481) = -13.24$, $p<0,001$) y en ambas puntuaciones de nivel ($t(481) = -12.33$; y $t(478.34) = -13.37$ respectivamente, $p<0,001$). Los participantes con un vocabulario expresivo de al menos 50 palabras reconocibles obtuvieron mejores resultados en el ComFor.

Finalmente, el tipo de educación/apoyos y el nivel de lenguaje se predijeron con un análisis discriminativo basado en los resultados del ComFor. Con respecto al tipo de educación/apoyos, el análisis de los resultados del ComFor en todos los participantes con discapacidad intelectual (n = 320) condujo a una predicción correcta en el 74,1% de los casos. El análisis de los resultados en personas con discapacidad intelectual y autismo (n = 211) predijo el tipo de educación/apoyos en el 75,4% de los casos. Con respecto al nivel del lenguaje, el análisis discriminativo de los resultados del ComFor en los participantes con discapacidad intelectual (n = 483) permitió una predicción acertada en un 75,2% de los casos, mientras que el análisis de los resultados de los participantes con discapacidad intelectual y autismo (n = 309) permitió una correcta clasificación en un 79% de los casos.

4.6. Conclusiones sobre fiabilidad y validez

En general, los resultados presentados en este apartado, confirman la fiabilidad y la validez del ComFor. En lo que se refiere a fiabilidad, la coherencia interna de las cinco series y de los dos niveles es buena o muy buena. La fiabilidad interexaminador es muy alta, pero es importante tener en cuenta que todos los examinadores aprobaron cursos intensivos sobre la administración y la puntuación del test. Los resultados del ComFor fueron estables durante un intervalo de dos semanas. Sin embargo, parece existir cierto grado de incertidumbre cuando se llega al máximo rendimiento intelectual de la persona evaluada, lo cual debe tenerse en cuenta al elegir el sistema de comunicación aumentativa más indicado (véase el capítulo 7 *Interpretación de los Resultados*).

El diseño del estudio de la validez es más complicado. Por validez se entiende si el ComFor realmente mide lo que pretende medir (Drenth y Sijtsma, 1990). Se puede evaluar con respecto a varios aspectos: validez de contenido, validez del constructo y validez de criterio (Carmines y Zeller, 1994; Evers, Van Vliet-Mulder y Groot, 2000). La validez de contenido estaba apoyada por distintos estudios y bibliografía y por un cuidadoso proceso de puesta en marcha, selección y categorización de los ítems, tal y como se describe en el capítulo 3 y como confirman los expertos externos.

La validez del constructo se garantiza de diferentes maneras. En primer lugar, la estructura interna del ComFor se exploró a través del análisis del componente principal y de las intercorrelaciones y el análisis del transcurso de las puntuaciones. En general, la estructura interna del ComFor era reconocible para el principal grupo del ComFor (personas con autismo), pero esta estructura era menos reconocible para otros subgrupos. En segundo lugar, se identificaron patrones convergentes y divergentes. Con ese fin, se compararon los resultados de los participantes con y sin autismo, se midieron las correlaciones con el Perfil de comunicación Z y se investigó la influencia del nivel de desarrollo en las puntuaciones del ComFor. Tal y como se esperaba, el sexo y la zona de residencia no influyeron en los resultados del ComFor.

Llegados a este punto, la validez relacionada del criterio está menos garantizada. Muchos autores han mencionado la dificultad de encontrar criterios válidos, particularmente en lo que se refiere al habla y la comunicación. Esto se aplica —posiblemente de forma más marcada— a la percepción y la atribución de significados. No se encontró ningún criterio directo disponible en el medio ambiente cotidiano y, por lo tanto, hubo que utilizar criterios indirectos: conducta adaptativa, nivel de lenguaje y tipo de sistema educativo/de apoyos recibidos. Sin embargo, todos los criterios son concurrentes, y aún no hay datos disponibles sobre la validez predictiva.

Por último, es importante remarcar que el ComFor se desarrolló para personas con autismo. Este estudio sobre fiabilidad y validez del ComFor solo incluyó a participantes con «trastorno del autismo» (DSM-IV). Investigaciones futuras deberán demostrar si las mayores discrepancias encontradas entre los niveles de presentación y los niveles de representación en personas con autismo, en comparación con personas sin autismo, se encuentran también en personas con trastorno del espectro del autismo, en su concepción más amplia. Es posible que estas grandes discrepancias sean específicas de determinados grupos. También es de vital importancia la investigación longitudinal sobre percepción y atribución de significados en personas con autismo.

SEGUNDA PARTE

MANUAL PRÁCTICO

5.- Instrucciones generales

5.1. Descripción del test

El ComFor está en sintonía con los problemas de percepción que experimentan las personas con autismo. El escenario en el que las personas llevan a cabo el test es muy sencillo: cada ítem está organizado como una tarea de clasificación. Este escenario es muy visual, socialmente no tiene ambigüedades, y hay numerosas ocasiones de aprendizaje durante la primera fase de entrenamiento. También es posible adaptar este escenario a las necesidades individuales de cada individuo. El ComFor consta de dos niveles, con un total de 5 series y 36 ítems (incluidos los ítems de entrenamiento). El Nivel I consiste en tareas en el nivel de presentación. En esas tareas se deben clasificar objetos o fotos idénticos, en función de sus características literalmente perceptibles, tales como materia, forma, color y tamaño. El Nivel II consiste en actividades en el nivel de representación, lo cual requiere que la persona evaluada clasifique objetos o fotos no idénticos, en función de su significado.

El Nivel I, nivel de presentación, consta de tres series: 1, 2 y 3.

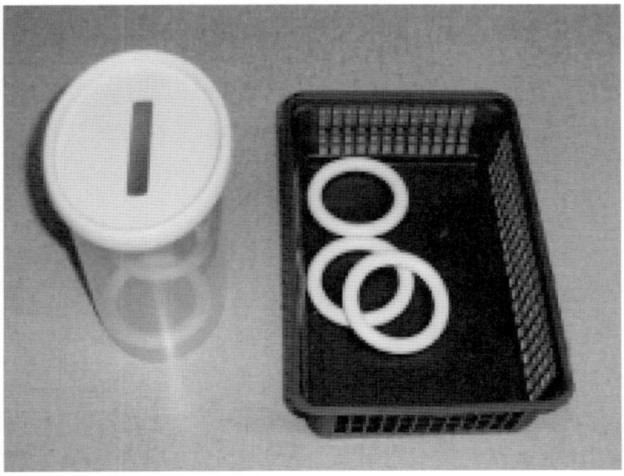

Figura 5.1 Serie 1-A3

La serie 1 se conoce como «serie de entrenamiento», y sirve para que la persona evaluada practique el escenario en el que se va a llevar a cabo el test. Para comprender este escenario, las personas evaluadas deben percibir la asociación entre los objetos. En las tareas de clasificación de objetos en bandejas abiertas se utilizan técnicas de ensamblaje. Al comienzo de las series, la asociación se facilita mediante el diseño específico del destino; por ejemplo, una bolita que encaja en la forma redondeada de la tapa de un recipiente, o un bloque que concuerda con la forma cuadrada de la tapa del recipiente. Es posible conseguir finalmente una correcta asociación gracias a una estrategia de ensayo y error. Las pistas de apoyo para las diferentes formas van disminuyendo gradualmente, lo cual requiere una asociación objeto-objeto más compleja. Por ejemplo, todas las cucharas que son idénticas se deben agrupar en una bandeja abierta.

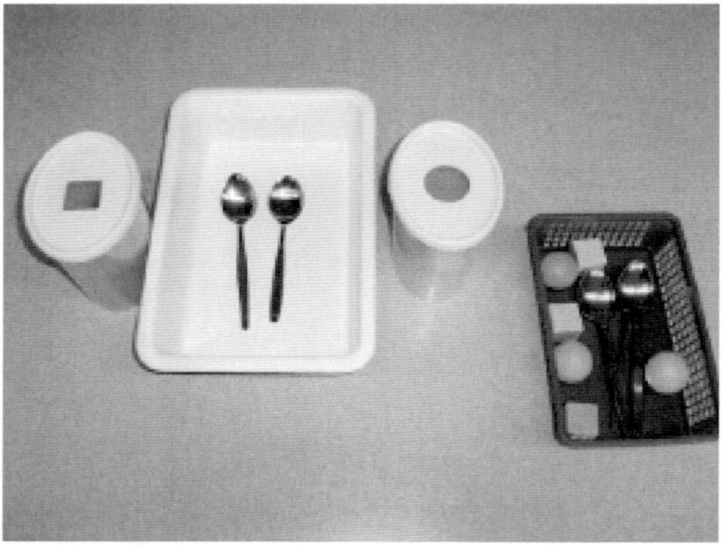

Figura 5.2 Serie 1-D

A partir de este punto, las tareas no requieren ensamblaje para encajar las formas, sino que requieren emparejar objetos idénticos y agruparlos juntos. Además, la primera serie no es únicamente una serie de entrenamiento, sino que proporciona información sobre percepción básica en el nivel de presentación. Incluso si la persona evaluada no alcanza el nivel en el cual los objetos se deben clasificar en bandejas, podemos obtener una cantidad considerable de información útil para establecer el sistema de comunicación aumentativa. Esto se discutirá más ampliamente en 7.2. La serie 1 consiste en 6 ítems.

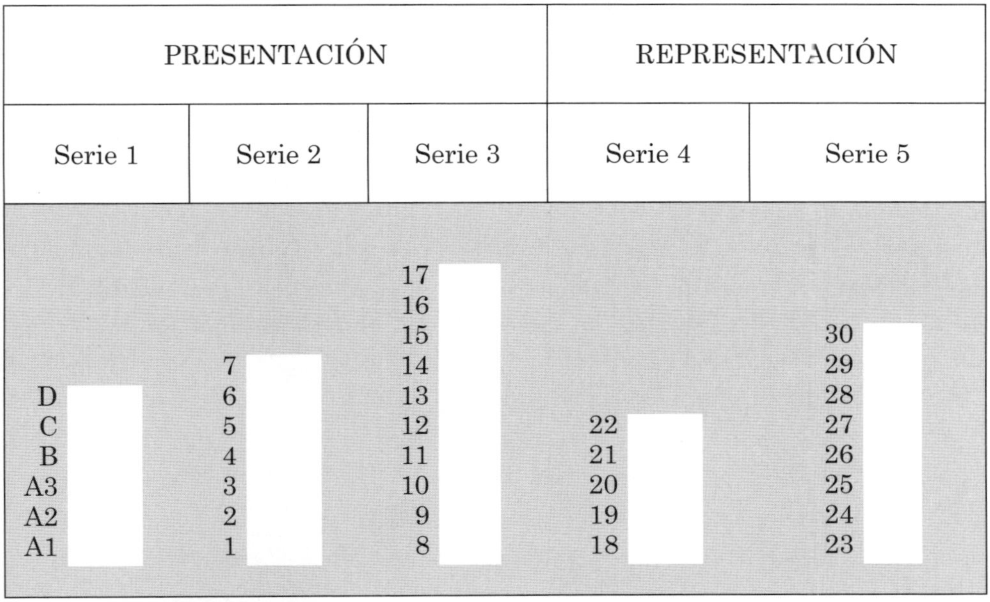

Figura 5.3 Estructura del ComFor

En la serie 2 se deben clasificar objetos concretos en función de su forma, material, color y/o tamaño. Aparte del ítem de color (ítem 4), las diferencias entre los ítems pueden percibirse visualmente y a través del tacto. El ítem de color solo se puede resolver usando percepciones visuales. La serie 2 contiene 7 ítems.

Figura 5.4 Item 3

La serie 3 requiere que la persona evaluada clasifique imágenes (fotografías, pictogramas, dibujos y texto escrito). Las diferencias entre estas solo se pueden percibir visualmente. La serie 3 consta de 3 ítems.

El nivel II, nivel de representación, consta de dos series, la 4 y la 5.

En la serie 4, se pide a la persona evaluada que clasifique los ítems con una misma forma, por ejemplo, objetos con objetos y fotografías con fotografías. La serie 4 contiene 5 ítems.

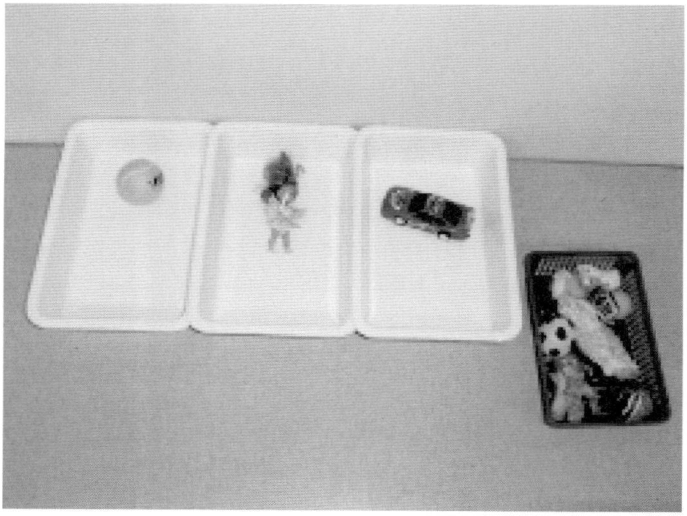

Figura 5.5 Ítem 18

En la serie 5, la persona evaluada tiene que clasificar ítems con distintas formas, por ejemplo, objetos con fotografías o viceversa, fotografías con pictogramas o al revés, o fotografías con palabra escrita. La serie 5 consta de 8 ítems.

Dentro de cada serie, los ítems tienen una dificultad progresiva. Para la clasificación se ha utilizado el desarrollo evolutivo típico como punto de partida. Con la excepción de la transición desde la serie 1 a la 2, el comienzo de una nueva serie es más fácil que el último ítem de la serie anterior.

5.2. Prerrequisitos para la administración del test

Espacio: el ComFor se debe realizar preferentemente en un espacio libre de estímulos. Se deben evitar los sonidos que puedan interferir o la entrada imprevista de terceras personas. Lo que es más, se deben evitar espacios que tengan un significado especial para la persona, tales como el gimnasio o su habitación. La actividad del ComFor nunca estará ligada a una actividad previa que la persona con autismo pueda asociar literalmente a dicho espacio.

Mobiliario: el espacio para el test debe consistir en una habitación con una mesa que no sea demasiado ancha y que tenga al menos tres sillas alrededor de ella. El mobiliario debe ser de un tamaño apropiado para la persona evaluada, ya que es importante que esta pueda ver bien la parte superior de las bandejas y cesta. Preferiblemente, la silla en la que se siente la persona evaluada debe tener reposabrazos, de modo que el asiento esté bien delimitado. Los materiales del test están en una caja o bolsa colocada en una silla al lado de la persona que va a administrar el test y fuera del alcance de la persona evaluada. Para evitar largas pausas durante la realización del test, los materiales deben estar organizados de antemano y colocados en el orden en el que se presentarán. Las tarjetas deben estar en orden y colocadas en la caja/bolsa. Al lado o cerca de la persona con autismo se puede colocar una caja en la que se pondrán todos los materiales a medida que se vayan utilizando. Se puede permitir que la persona evaluada sea quien lo coloque; no obstante, si esto le provoca confusión, la caja se puede colocar fuera de su alcance. Esto se puede hacer, por ejemplo, en casos en los que los materiales utilizados y colocados en esa caja/bolsa sean una tentación para la persona evaluada y esta se sienta impulsada a manipularlos de nuevo. Únicamente se deben colocar en la mesa los objetos que se esten utilizando.

Posición: si es posible, la persona evaluada debe colocarse de espaldas a la ventana y enfrente del administrador del test. Cuando la persona evaluada se vea intimidada por el contacto visual o no pueda concentrarse en los objetos a la vez que alguien la mira, el administrador del test puede colocarse en un ángulo de 90 grados o al lado de ella. Otro profesional o familiar puede estar presente al comienzo o durante la administración del test para que se sienta más cómoda. Sin embargo, si una tercera persona está presente, debemos acordar que esta solo intervendrá cuando se le pida. Esa tercera persona deberá colocarse al borde del campo visual de la persona evaluada, de modo que esta no tenga que girarse para comprobar si dicha tercera persona sigue presente o no.

5.3. Materiales del test

El apéndice 4 incluye una lista con todos los materiales del test. Estos materiales se presentan en una bolsa. Las tarjetas deberían estar clasificadas por ítems, dentro de un sobre o sujetas con una goma elástica. La caja para colocar los materiales que ya se han utilizado no forma parte de los materiales del test. Se puede utilizar cualquier caja de plástico de las que se usan para meter alimentos. Este tipo de caja también se puede utilizar para colocar los objetos necesarios antes de cada tarea. Asegúrese de limpiar los materiales del test con regularidad y de usar desinfectante si es necesario, ya que algunas personas evaluadas pueden meterse los objetos en la boca.

5.4. Administración y puntuación

Titulación

El ComFor debe administrarlo un psicólogo, psicolingüista o logopeda. Debido al objetivo del test, es imprescindible que el administrador del test registre e interprete los resultados. Dado que el ComFor es un instrumento psicológico-cognitivo, el administrador del test debe cumplir ciertos requisitos relacionados con la titulación. Quienes no dispongan de la titulación necesaria para diagnosticar deben estar supervisados por un psicólogo o psicolingüista. Para interpretar los resultados y dar pautas para la práctica clínica, es necesario tener conocimientos sobre procesos comunicativos en general, y específicamente en personas con autismo.

Preparación

Como es lógico, el administrador del ComFor debe estar familiarizado con los materiales del test. Es obligatorio que haya realizado un curso sobre el ComFor. Se recomienda revisar las instrucciones varias veces y, si es necesario, realizar varias administraciones de prueba. Mientras se realiza el test, no es posible consultar el manual. Los administradores del test deben revisar regularmente las instrucciones del test para detectar posibles variaciones con respecto al procedimiento general de administración.

Introducción

Dado el tipo de personas al que va dirigido el ComFor, generalmente no es posible explicarles en qué van a consistir las pruebas. Por eso, no existen instrucciones verbales para la administración del ComFor. El escenario en el que se administra el ComFor debería hablar por sí mismo.

¿Dónde?

El espacio debe estar claramente organizado (véase 5.2). La bolsa o la caja con los materiales del test se debe colocar en una silla al lado del administrador del test y fuera del alcance de la persona evaluada. La caja con los materiales ya utilizados se coloca cerca o fuera del alcance de la persona evaluada, en función de cada caso. Cuando la persona evaluada entra en la habitación, se debe sentar. En este momento, el administrador del test sacará de la caja o bolsa los materiales del primer ítem.

¿Quién?

El administrador del test debe presentar las tareas a la persona evaluada y esta las debe completar. No se permite que otras personas participen o hablen mientras la persona con autismo está completando una tarea. El administrador del test tampoco debe hacer comentarios mientras tanto.

¿Cómo?

El administrador del test debe comenzar cada tarea, y la persona evaluada debe completarla. Cuando la persona evaluada sea capaz de ello, se le puede permitir que recoja los objetos utilizados al finalizar cada tarea. Entre ítem e ítem, la persona evaluada puede hablar o jugar con algún juguete que esté a su disposición. Sin embargo, al comienzo de cada tarea, ese juguete deberá retirarse y colocarse preferiblemente en un lugar fijo, por ejemplo en una caja.

¿Hasta cuándo?

Cuando todos los materiales se hayan recogido en la caja elegida para ese fin (incluidos los objetos de ítems que no se administren), y la caja con los objetos iniciales esté vacía, la persona evaluada verá que no hay más tareas que realizar, y la administración del test se dará por concluida.

Orden de los ítems, duración del test y descansos

El orden de los ítems debe ser exactamente el especificado en las hojas de puntuaciones. La administración del test dura aproximadamente 45 minutos. Sin embargo, debido al amplio rango de niveles de desarrollo que las personas evaluadas pueden presentar, es posible que el tiempo necesario difiera considerablemente. Normalmente el test se puede administrar en una sola sesión. Cuando eso no sea factible, el test deberá continuarse lo antes posible. En esos casos, las primeras series deberán administrarse de nuevo antes de recomenzar con los ítems que la persona evaluada aún tiene que realizar. Algunas personas necesitan tener descansos durante el test; si eso sucede, los descansos deben ocurrir entre ítems, y el administrador del test podrá ofrecer a la persona evaluada un juguete como recompensa (el juguete puede llevarlo la propia persona evaluada). El administrador del test deberá juzgar las necesidades individuales de cada caso. Es posible que estas se manifiesten a lo largo de la administración del test.

Instrucciones de administración

La serie 1 contiene ítems para practicar la clasificación de objetos. Hay muchas oportunidades para que la persona evaluada practique el escenario en el cual tendrá que completar las actividades durante el test. Este consiste en clasificar entre tres recipientes. Desde el ítem 1, en la serie 2, el escenario es idéntico para cada ítem. El administrador del test debe coger los materiales necesarios de la caja o bolsa colocada a su lado. El administrador colocará en la cesta inicial los objetos que se van a clasificar, tal y como se recomienda. A partir de este punto, existen dos posibilidades:

1. El administrador del test puede dejar la cesta inicial a su lado. Él se encargará de coger los objetos que se vayan a clasificar y de ofrecérselos a la persona evaluada. El siguiente ítem solo se cogerá cuando el anterior se haya clasificado y recogido.
2. El administrador coloca la cesta al alcance de la persona evaluada y permite que sea esta quien tome los objetos de la cesta inicial.

El administrador del test puede elegir cualquiera de las anteriores opciones. Cuando se sospeche que la persona evaluada no puede procesar cantidades grandes de información a la vez (por ejemplo, cuando no puede tener muchos objetos en la mano a la vez que está haciendo algo con ellos), la opción recomendable es la primera. En ese caso, los materiales de cada tarea deben presentarse en un orden determinado (véase hoja de puntuaciones y, en el caso de las tarjetas, la numeración en la parte posterior de estas). La ventaja de la segunda opción es que la persona evaluada puede regular por sí misma la velocidad de la tarea. La cesta inicial se coloca al lado de los recipientes en el mismo lado de la mano que la persona con autismo use normalmente. Si no tuviera una lateralidad definida, la cesta se colocará a su derecha. Al puntuar las tareas, es indiferente qué método se haya elegido para completarlas; no obstante, es necesario apuntar en la hoja de puntuaciones cuál fue el método empleado y si hubo algún cambio durante la administración del test.

Los objetos y las imágenes deben ofrecerse o colocarse de tal modo que la persona que realiza el test pueda cogerlas con facilidad. Si la persona evaluada coge los objetos o tarjetas de la cesta ella misma, la cesta debe colocarse verticalmente, en el caso de los objetos, u horizontalmente, si son tarjetas. Cuando las instrucciones de cada ítem digan que los objetos o tarjetas deben colocarse de izquierda a derecha, esto se refiere al punto de vista de la persona evaluada. Finalmente, para las instrucciones del capítulo 6, las palabras «cesta», «bandeja» y «recipiente» se utilizan para distinguir entre la cesta inicial de tareas donde se pueden obtener los objetos o tarjetas necesarios para cada ítem y las bandejas abiertas o recipientes con tapa en las que estos objetos o tarjetas deben clasificarse.

Mientras la persona con autismo esté trabajando, se la debe distraer o molestar lo menos posible. Los mensajes adicionales, ya sean verbales o no verbales, pueden estimularla en exceso y afectar al procesamiento de la información. Si la persona evaluada está perdiendo el tiempo con una actividad o si no continúa completándola, el administrador del test puede intentar animarla de una manera neutral, usando instrucciones verbales o no verbales. Se pueden utilizar las siguientes instrucciones: «Sigue», «(Nombre de la persona evaluada) + hazlo», «Ponlo en la cesta», «Ponlo en la bandeja», «Ponlo en el recipiente/bote/caja», «Cógelo», «Recoge». El administrador del test debe utilizar el vocabulario con el que más familiarizado esté la persona evaluada, pero no debe decir el nombre de ninguna de las tarjetas u objetos de forma explícita, ni tampoco apuntar en dirección a la bandeja o recipiente correcto.

Cuando la tarea se haya completado, se puede recompensar a la persona evaluada usando frases tales como «lo has conseguido», «muy bien» o un mensaje parecido. A menos que las instrucciones digan lo contrario, el administrador del test no debe corregir los errores que pueda cometer la persona evaluada.

Hoja de puntuaciones

En la hoja de puntuaciones (véase el apéndice 6) las instrucciones de cada ítem describen brevemente los materiales que se necesitan y el procedimiento a seguir. Durante el test, se marca con una cruz «+» cada ítem correctamente completado y con un menos «-»a cada ítem incorrecto. En la hoja, se realizará un círculo alrededor del signo apropiado para cada ítem. Si por cualquier motivo un ítem no se completara, se rodeará la letra «N» y se anotará el motivo por el cual sucedió esto. Al lado de cada ítem hay espacio suficiente para anotar observaciones relativas al comportamiento de la persona evaluada. Estas se pueden escribir con posterioridad, basándonos en las observaciones del vídeo de la administración del test. Al final, las puntuaciones finales se anotarán en el perfil de puntuación.

Punto de inicio

En principio, la administración del ComFor debería comenzar con el ítem A1 de la serie 1. Si el administrador del test sospecha que la persona evaluada es capaz de clasificar tres tipos de objetos (de diferente material, forma y color), la administración podría comenzar con el ítem 1 de la serie 2. Cuando la persona evaluada complete satisfactoriamente el ítem 1 de la serie 2, los ítems de la primera serie se darán por completados; si no se completa el ítem 1 de la serie 2 de forma correcta, el administrador del test deberá comenzar por el ítem A1 de la primera serie.

Una vez se haya completado la serie 1, el primer ítem de la serie 2 se ofrecerá de nuevo y se aplicarán las reglas generales de terminación del test. En caso de duda, se aconseja comenzar con el ítem A1.

Cuando el ítem A1 se complete de forma correcta sin esfuerzo (puntuación «+» y sin que el administrador del test haya tenido que ofrecer ningún tipo de ayuda física con la segunda bolita), se puede pasar directamente al ítem B. Si la persona evaluada no completa este de forma satisfactoria, se administrarán también los ítems A2 y A3. Después de esto, se intentará de nuevo el ítem B. El administrador del test debe anotar cuidadosamente qué procedimiento ha utilizado.

Regla de interrupción

Ítem. Cuando la persona evaluada no pueda completar un ítem y se encuentre frustrado por este motivo, el administrador del test completará el ítem por ella (con o sin ayuda por parte del evaluado). La persona evaluada también podrá recoger los materiales. Una vez estos estén fuera de la vista, el ítem se considerará terminado. En la hoja de puntuaciones se rodeará «-».

Series. Después de tres «-» consecutivos, se interrumpe la administración de la serie y se continúa con el primer ítem de la serie siguiente. Cuando se comienza una nueva serie, se vuelve a empezar a contar desde cero. Sin embargo, hay dos excepciones:

- después de tres «-» consecutivos en la serie 1, solo se intentará completar el primer ítem de la serie 2;
- cuando no se haya conseguido la máxima puntuación en la primera serie (aunque no se hayan producido tres «-» consecutivos), solo se administrarán los tres primeros ítems de la serie 2.

Si un ítem de la serie 2 se completa de forma satisfactoria, se aplicarán de nuevo las reglas generales de interrupción del test.

Test. El test se interrumpirá después de tres «-» consecutivos en la serie 5. En teoría, se administrarán los tres primeros ítems de todas las series. Sin embargo, existen dos excepciones. La administración del test se interrumpirá:

- después de tres «-» en la serie 1 y fracaso al completar el ítem 1 de la serie 2;
- cuando la persona evaluada no alcance la puntuación máxima en la serie 1 y no complete los tres primeros ítems de la serie 2 satisfactoriamente.

Cuando un ítem de la segunda serie se complete de forma satisfactoria después de todo, las reglas generales de interrupción se aplicarán de nuevo.

6. Instrucciones específicas para cada ítem *

*Izquierda/derecha siempre se debe interpretar desde el punto de vista de la persona evaluada.

Nivel I: Presentación

Serie 1: ensamblaje de objetos

A1

Materiales:

Recipiente con tapa con una abertura circular, cesta, cinco bolitas.

Procedimiento:

Coloque el recipiente con tapa enfrente de la persona evaluada, sobre la mesa. Ponga las bolitas en la cesta. Coja la primera bolita de la cesta. Intente atraer la atención de la persona evaluada, y a continuación, empuje la bolita a través de la abertura del recipiente. Coja una segunda bolita y désela a la persona evaluada, incitándola a empujarla a través de la abertura del recipiente. Puede ofrecer ayuda física o empujar la bolita con la persona evaluada. A partir de aquí hay dos posibilidades:

1. coja una bolita, pásela a la persona evaluada e incítela a pasarla por la abertura sin ayuda;
2. coloque la cesta de forma vertical al lado del recipiente cerrada e incite a la persona evaluada a coger una bola de la cesta y a pasarla a través de la abertura del recipiente.

Después, acérquese la cesta y el recipiente cerrado, coloque la cesta fuera del alcance de la persona evaluada y el recipiente en la bolsa/caja de los materiales del test.

Puntuación:

Puntúe «+» únicamente cuando la persona evaluada coloque por sí misma las tres bolitas en el recipiente.

A2

Materiales:

Recipiente con tapa con abertura en forma de cuadrado, cesta, cinco bloques.

Procedimiento:

Véase ítem A1.

Puntuación:

Puntúe «+» únicamente cuando la persona evaluada coloque por sí misma los tres últimos bloques en el recipiente.

A3

Materiales:

Recipiente con tapa con abertura en forma ovalada, cesta, cinco aros.

Procedimiento:

Véase ítem A1.

Puntuación:

Puntúe «+» únicamente cuando la persona evaluada coloque por sí misma los tres últimos aros en el recipiente.

B

Materiales:

Recipiente con tapa con abertura ovalada, recipiente con tapa con abertura circular, cesta, cinco aros, cinco bolitas.

Procedimiento:

Coloque los dos recipientes cerrados y vacíos, uno cerca del otro y enfrente de la persona evaluada. El recipiente con la abertura ovalada se sitúa a la izquierda y el recipiente con la abertura circular se sitúa a la derecha. Coloque los aros y las bolitas en la cesta. Coja un aro. Intente atraer la atención de la persona evaluada. Empuje el aro a través de la abertura ovalada. A continuación, coja una bolita de la cesta y pásela a través de la abertura circular.

A continuación, coja un aro, páselo a la persona evaluada e incítela a que lo pase a través de la abertura correspondiente. Puede ayudar a la persona evaluada físicamente o empujar el aro junto a ella. Repita esta acción para la bolita.

A continuación, hay dos posibilidades:

1. coja un objeto, páselo a la persona evaluada e incítela a pasarlo a través de la abertura;
2. coloque la cesta verticalmente al lado de los recipientes e incite a la persona evaluada a coger un objeto de forma independiente y a pasarlo a través de la abertura correspondiente.

Si elige la primera opción, los objetos deben entregarse en un orden determinado:

bolita-aro-aro-bolita-aro-bolita

A continuación, recoja los recipientes y la cesta hacia usted, coloque la cesta fuera del alcance de la persona evaluada y los recipientes en la caja de materiales.

Puntuación
Puntúe «+» solamente cuando la persona evaluada haya colocado los últimos seis objetos sin ayuda en los recipientes apropiados.

C
Materiales:
Recipiente con tapa con abertura cuadrada, recipiente con tapa con abertura circular, recipiente con tapa con abertura ovalada, cesta, cinco bloques, cinco bolitas, cinco aros.

Procedimiento:
Coloque los tres recipientes cerrados, uno al lado del otro y enfrente de la persona evaluada. El recipiente con la tapa de abertura cuadrada se sitúa a la izquierda; en el centro, el recipiente con la abertura circular, y a la derecha, el recipiente con la tapa con abertura ovalada. Coloque las bolitas, los aros y los bloques en la cesta. Coja un bloque. Intente atraer la atención de la persona evaluada. Empuje el bloque por la abertura cuadrada. Repita esta acción con la bolita y con el aro.

Después coja un bloque, páselo a la persona evaluada e incítela a empujarlo a través de la tapa correspondiente. Puede ofrecerle ayuda física o empujar el bloque junto a ella. Repita esta acción con la bolita y con el aro.

Después de esto, hay dos posibilidades:

1. coja un objeto, páselo a la persona evaluada e incítela a pasarlo a través de la tapa correspondiente;
2. coloque la cesta al lado de los recipientes y en posición vertical y estimule a la persona evaluada a coger un objeto ella sola y a empujarlo a través de la tapa correspondiente.

En caso de elegir la primera opción, los objetos deben presentarse en un orden determinado:

bolita-aro-bloque-bloque-bolita-aro-aro-bloque-bolita

Después, acérquese los recipientes y la cesta, coloque la cesta fuera del alcance de la persona evaluada, los recipientes con las bolitas y los bloques en la bolsa/ caja de materiales del test, y el recipiente con los aros en la caja de actividades terminadas.

Puntuación:
Puntúe «+» únicamente cuando la persona evaluada haya colocado los últimos nueve objetos en los recipientes.

D

Materiales:
Bandeja abierta, recipiente con tapa con abertura cuadrada, recipiente con tapa con abertura circular, cesta, cinco cucharas, cinco bolitas y cinco bloques cuadrados.

¡Atención! La bandeja abierta es una de las tres bandejas blancas.

Procedimiento:
Coloque los recipientes uno al lado del otro y enfrente de la persona evaluada. El recipiente con tapa cuadrada estará colocada a la izquierda; en el medio, la bandeja abierta, y a la derecha, el recipiente con abertura circular. Coloque las

cucharas, los bloques y las bolitas en la cesta. Coja un bloque e intente atraer la atención de la persona evaluada. Empuje el bloque a través de la tapa con abertura cuadrada. A continuación coja una cuchara e intente atraer la atención de la persona evaluada. Coloque la cuchara en la bandeja abierta. Coja una bolita e intente atraer de nuevo su atención. Empuje la bolita a través de la tapa con abertura circular.
Después, coja un bloque, páselo a la persona evaluada e incítela a empujarlo a través de la tapa correspondiente. Puede ofrecer ayuda física o empujar el bloque junto con la persona evaluada. Corríjala si coloca el bloque en la bandeja abierta. A continuación coja la cuchara, pásela a la persona evaluada e incite a esta a colocar la cuchara en la bandeja abierta. Puede ofrecer ayuda física o colocar la cuchara en la bandeja junto con la persona evaluada. Corríjala si intenta empujar la cuchara a través de alguna de las aberturas de las tapas. Después coja una bolita, pásela a la persona evaluada e incítela a empujarla a través de la tapa adecuada. Puede ofrecer ayuda física o empujar la bolita junto a la persona evaluada. Corríjala si coloca la bolita en la bandeja abierta.

Después de esto, hay dos posibilidades:

1. coja un objeto, páselo a la persona evaluada e incítela a empujarlo a través de la tapa correspondiente o a colocarlo en la bandeja abierta;
2. coloque la cesta al lado de los tres recipientes cerrados y de forma vertical y estimule a la persona evaluada a coger los objetos sin ayuda y a pasarlos a través de las tapas correspondientes o a colocarlos en la bandeja abierta.

En caso de elegir la primera opción, los objetos deben presentarse en un orden determinado:

cuchara-bolita-bloque-bloque-cuchara-bolita-bolita-bloque-cuchara

A continuación, acérquese los recipientes cerrados, la bandeja abierta y la cesta y recójalas; coloque la cesta fuera del alcance de la persona evaluada, las cucharas en la bolsa/cesta con los materiales del test, y los recipientes con las bolitas y los bloques en la caja de actividades finalizadas.

Puntuación:
Puntúe «+» únicamente cuando la persona evaluada haya colocado los últimos nueve objetos en los recipientes correspondientes.

Serie 2: clasificación de objetos

1
Materiales:
Tres bandejas abiertas, cesta, cinco peines, cinco cucharas, cinco cepillos de dientes.

Procedimiento:
Coloque las bandejas una junto a la otra y enfrente de la persona evaluada. Coloque los peines, las cucharas y los cepillos de dientes en la cesta. Coloque los ejemplos en las bandejas en el siguiente orden, de izquierda a derecha:

peine-cuchara-cepillo de dientes

A continuación, coja un peine, páselo a la persona evaluada e incítela a clasificar el peine en la bandeja correspondiente. Haga lo mismo con una cuchara y después con un cepillo de dientes. Si lo prefiere, ofrezca ayuda física o coloque los objetos en las bandejas junto con la persona evaluada. Corríjala si coloca los objetos en una bandeja incorrecta. Después de esto, existen dos posibilidades:

1. coja un objeto, páselo a la persona evaluada e incítela a clasificarlo en una bandeja;
2. coloque la cesta al lado de las cajas abiertas en posición vertical e incite a la persona evaluada a coger un objeto sin ayuda y a clasificarlo en una bandeja.

Si elige la primera opción, hay un orden determinado en el que deben presentarse los objetos:

cuchara-peine-cepillo de dientes-cepillo de dientes-peine-cuchara-peine-cepillo de dientes-cuchara

A continuación, acérquese los objetos. Coloque la cesta fuera del alcance de la persona evaluada y ponga los objetos dentro de su contenedor y en la caja de actividades terminadas.

Puntuación:
Puntúe «+» cuando la persona evaluada haya clasificado los últimos nueve objetos de forma correcta.

2
Materiales:
Tres bandejas abiertas, cesta, cinco fichas, cinco tornillos y cinco palitos.

Procedimiento:
Ver ítem 1.
Orden de izquierda a derecha:

ficha-tornillo-palito

Orden en el que deben presentarse los objetos:

palito-ficha-tornillo-ficha-palito-tornillo-tornillo-palito-ficha

A continuación, acérquese los objetos. Coloque la cesta fuera del alcance de la persona evaluada y ponga los objetos dentro de su contenedor. Cuando sea posible, permita que coloque los objetos dentro de la caja de actividades terminadas. Si eso no es posible o provoca confusión, recoja los objetos personalmente.

Puntuación:
Puntúe «+» cuando la persona evaluada haya clasificado los últimos nueve objetos de forma correcta.

3
Materiales:
Tres bandejas abiertas, cesta, cinco cucharas, cinco cuchillos, cinco tenedores.

Procedimiento:
Ver ítem 1.
Orden de izquierda a derecha:

cuchara-cuchillo-tenedor

Orden en el que deben presentarse los objetos:

tenedor-cuchillo-cuchara-cuchillo-tenedor-cuchara-cuchara-tenedor-cuchillo

A continuación, coloque la cesta fuera del alcance de la persona evaluada. Cuando sea posible, permita que esta ponga los objetos dentro de su contenedor y en la caja de actividades terminadas. Cuando eso sea demasiado complicado o cree confusión, retire los objetos personalmente.

Puntuación
Puntúe «+» cuando la persona evaluada haya clasificado los últimos nueve objetos de forma correcta.

4
Materiales:
Tres bandejas abiertas, cesta, cinco fichas azules, cinco fichas amarillas, cinco fichas rojas.

Procedimiento:
Ver ítem 1.
Orden de izquierda a derecha:

azul-amarillo-rojo

Orden en el que deben presentarse los objetos:

azul-rojo-amarillo-rojo-azul-amarillo-rojo-amarillo-azul

Puntuación:
Puntúe «+» cuando la persona evaluada haya clasificado los últimos nueve objetos de forma correcta.

5
Materiales:
Tres bandejas abiertas, cesta, cinco círculos pequeños, cinco círculos grandes, cinco óvalos.

Procedimiento:
Ver ítem 1.
Orden de izquierda a derecha:

círculo pequeño-círculo grande-óvalo

Orden en el que deben presentarse los objetos:

grande-óvalo-pequeño-pequeño-grande-óvalo-óvalo-grande-pequeño

Puntuación:
Puntúe «+» cuando la persona evaluada haya clasificado los últimos nueve objetos de forma correcta

6
Materiales:
Tres bandejas abiertas, cesta, cinco cubos, cinco bloques gruesos, cinco bloques planos.

Procedimiento:
Ver ítem 1.
Orden de izquierda a derecha:

cubo-bloque grueso-bloque plano

Orden en el que deben presentarse los objetos:

> bloque grueso-cubo-bloque plano-cubo-bloque grueso-bloque plano-bloque plano-cubo-bloque grueso

¡Atención! Coloque los bloques a lo largo en las bandejas. El bloque plano debe colocarse sobre su lado más ancho

Puntuación

Puntúe «+» cuando la persona evaluada haya clasificado los últimos nueve objetos de forma correcta.

7

Materiales:

Tres bandejas abiertas, cesta, cinco cucharas de postre, cinco cucharillas (de café) y cinco cucharas soperas.

Procedimiento:

Ver ítem 1.

Orden de izquierda a derecha:

> cuchara de postre-cucharilla de café-cuchara sopera

Orden en el que deben presentarse los objetos:

> sopera-cucharilla de café-de postre-de postre-sopera-cucharilla-sopera-de postre-cucharilla

Puntuación:

Puntúe «+» cuando la persona evaluada haya clasificado los últimos nueve objetos de forma correcta.

Serie 3: Clasificación de imágenes

8

Materiales:

Tres bandejas abiertas, cesta, tarjetas 001 a 012 (véase la parte posterior de las tarjetas)

Procedimiento:
Coloque las tres bandejas abiertas una al lado de la otra y enfrente de la persona evaluada. Coloque las tarjetas en las cestas en función de su numeración (en la parte posterior) y con la imagen hacia arriba. Coloque la tarjeta A en la parte de arriba en la bandeja de la izquierda, la tarjeta B en la parte de arriba de la bandeja del medio y la tarjeta C en la parte de arriba de la bandeja de la derecha. Después, existen dos posibilidades:

1. coja la tarjeta de arriba, pásela a la persona evaluada e incítela para que la clasifique en una bandeja;
2. coloque la cesta de forma horizontal al lado de las cajas e incite a la persona evaluada a coger las tarjetas sin ayuda y a clasificarlas en las bandejas.

La persona evaluada debe colocar las tarjetas debajo de la tarjeta ejemplo (en la parte de debajo de la bandeja). Si la persona evaluada la pone encima de la tarjeta ejemplo, el examinador deberá colocarla debajo. También se deberá hacer esto cuando la persona evaluada cometa un error.

A continuación, coloque la cesta fuera del alcance de la persona evaluada, recoja las tarjetas y póngalas en su lugar correspondiente (por ejemplo, en un sobre) o ponga una goma elástica alrededor de ellas. Si es posible, permita que la persona que realiza el test las coloque dentro de la caja de actividades terminadas.

Puntuación:
Puntúe «+» cuando la persona evaluada haya clasificado las nueve tarjetas de forma correcta.

9
Materiales:
Tres bandejas abiertas, cesta, tarjetas 013 a 024 (véase la parte posterior de las tarjetas)

Procedimiento:
Véase ítem 8.
A continuación, coloque la cesta fuera del alcance de la persona evaluada. Si

es posible, permita que esta coloque las tarjetas en su lugar correspondiente o ponga una goma elástica alrededor de ellas. Después, déjela que las coloque en la caja de actividades terminadas. Si eso es demasiado complicado, ordene personalmente lo que falte.

Puntuación:
Véase ítem 8.

10
Materiales:
Tres bandejas abiertas, cesta, tarjetas 025 a 036 (véase la parte posterior de las tarjetas).

Procedimiento:
Véase ítem 8.

Puntuación:
Véase ítem 8.

11
Materiales:
Tres bandejas abiertas, cesta, tarjetas 037 a 048 (véase parte posterior de las tarjetas).

Procedimiento:
Véase ítem 8.

Puntuación:
Véase ítem 8.

12
Materiales:
Tres bandejas abiertas, cesta, tarjetas 049 a 060 (véase parte posterior de las tarjetas).

Procedimiento:
Véase ítem 8.

Puntuación:
Véase ítem 8.

13
Materiales:
Tres bandejas abiertas, cesta, tarjetas 061 a 072 (véase parte posterior de las tarjetas).

Procedimiento:
Véase ítem 8.

Puntuación:
Véase ítem 8.

14
Materiales:
Tres bandejas abiertas, cesta, tarjetas 073 a 084 (véase parte posterior de las tarjetas).

Procedimiento:
Véase ítem 8.

Puntuación:
Véase ítem 8.

15
Materiales:
Tres bandejas abiertas, cesta, tarjetas 085 a 096 (véase parte posterior de las tarjetas).

Procedimiento:
Véase ítem 8.

Puntuación:
Véase ítem 8.

16
Materiales:
Tres bandejas abiertas, cesta, tarjetas 097 a 108 (véase parte posterior de las tarjetas).

Procedimiento:
Véase ítem 8.

Puntuación:
Véase ítem 8.

17
Materiales:
Tres bandejas abiertas, cesta, tarjetas 109 a 120 (véase parte posterior de las tarjetas).

Procedimiento:
Véase ítem 8.

Puntuación:
Véase ítem 8.

Nivel II: Representación

Serie 4: clasificación con la misma forma

18
Materiales:
Tres bandejas abiertas, cesta, cuatro pelotas, cuatro muñecas, cuatro coches.

Procedimiento:
Coloque las tres bandejas abiertas, una al lado de la otra y enfrente de la persona

evaluada. Coloque las pelotas, las muñecas y los coches en la cesta. Coloque los ejemplos en las bandejas en el siguiente orden de izquierda a derecha:

pelota de tenis-muñeca con pelo-coche rojo

Después de esto, existen dos posibilidades:

1- coja un objeto de la cesta, páselo a la persona evaluada e incítela a clasificarlo en una cesta;
2- coloque la cesta al lado de las bandejas en posición vertical e incite a la persona evaluada a coger un objeto de forma independiente y a clasificarlo en una bandeja.

En caso de elegir la primera opción, existe un orden predeterminado en el cual deben presentarse los objetos:

muñeca-coche-pelota-coche-pelota-muñeca-muñeca-coche-pelota

Después, coloque la cesta fuera del alcance de la persona evaluada. Si es posible, permita que coloque los objetos en su lugar correspondiente y después en la caja de actividades terminadas.

Puntuación:
Puntúe «+» solo cuando la persona evaluada haya clasificado los nueve objetos correctamente.

19
Materiales:
Tres bandejas abiertas, cesta, cuatro cucharas, cuatro cuchillos, cuatro tenedores.

Procedimiento:
Coloque las tres bandejas abiertas una al lado de la otra y enfrente de la persona evaluada. Ponga las cucharas, cuchillos y tenedores en la cesta y coloque los ejemplos en las bandejas en el siguiente orden, de izquierda a derecha:

cuchara-cuchillo-tenedor **del mismo juego de cubertería de los incluidos en el kit del test** (que no sea blanca).

Después de esto, existen dos posibilidades:

1- coja un objeto de la cesta, páselo a la persona evaluada e incítela a clasificarlo en una bandeja;
2- coloque la cesta al lado de las bandejas en posición vertical e incite a la persona evaluada a coger un objeto sin ayuda y a clasificarlo en una bandeja.

Si ha elegido la primera opción, existe un orden predeterminado en el cual deben presentarse los objetos:

cuchara-tenedor-cuchillo-cuchillo-cuchara-tenedor-tenedor-cuchara-cuchillo.

A continuación coloque la cesta fuera del alcance de la persona evaluada. Cuando sea posible, permita que guarde los objetos en el lugar correspondiente y en la caja de objetos terminados.

Puntuación:
Puntúe «+» cuando la persona evaluada haya clasificado los nueve objetos correctamente.

20

Materiales:
Tres bandejas abiertas, cesta, cepillo de dientes, pasta de dientes, lápiz, libreta, tenedor, plato.

Procedimiento:
Coloque las tres bandejas abiertas enfrente de la persona evaluada. Coloque los objetos en la cesta. Coloque los ejemplos en las bandejas en el siguiente orden de izquierda a derecha:

cepillo de dientes-lápiz-tenedor

A continuación, existen dos posibilidades:

1- coja un objeto de la cesta, páselo a la persona evaluada e incítela a que lo clasifique en una bandeja;

2- coloque la cesta al lado de las bandejas en posición vertical e incite a la persona evaluada a coger un objeto de forma independiente y a clasificarlo en una bandeja.

Si ha elegido la primera opción, existe un orden predeterminado en el cual deben presentarse los objetos:

plato-pasta de diente-libreta

Después, coloque la cesta fuera del alcance de la persona evaluada. Cuando sea posible, permita que la persona evaluada guarde los objetos en el lugar correspondiente y en la caja de actividades terminadas.

Puntuación:
Puntúe «+» solo cuando la persona evaluada haya clasificado los tres objetos de forma correcta.

21
Materiales:
Tres bandejas abiertas, cesta, tarjetas 121 a 132 (véase la parte posterior de las tarjetas).

Procedimiento:
Coloque las tres bandejas abiertas enfrente de la persona evaluada. Coloque las tarjetas en la cesta de acuerdo con la numeración (en la parte posterior) con la imagen hacia arriba. Coloque la tarjeta A en la parte de arriba de la bandeja de la izquierda, la tarjeta B en la parte de arriba de la bandeja de en medio y la tarjeta C en la parte de arriba de la bandeja de la derecha.

Después existen dos posibilidades:

1- coja la tarjeta de arriba, pásela a la persona evaluada e incite a esta a que la clasifique en una bandeja;
2- coloque la cesta de forma horizontal al lado de las bandejas y estimule a la persona evaluada a coger la tarjeta de forma independiente y a clasificarla en una bandeja.

La persona evaluada debe colocar las tarjetas debajo de la tarjeta ejemplo (en la parte inferior de la bandeja). Si la persona evaluada cubre la tarjeta ejemplo, el examinador debe colocar la tarjeta debajo de esta. El examinador debe hacer esto también cuando la persona evaluada cometa un error.

Después, coloque la cesta fuera del alcance de la persona evaluada. Cuando sea posible, permita que la persona evaluada guarde las tarjetas en su lugar correspondiente o que ponga una goma elástica alrededor de ellas. Después, deje que las coloque en la caja de actividades terminadas.

Puntuación:
Puntúe «+» solo cuando la persona evaluada haya clasificado las nueve tarjetas de forma correcta.

22
Materiales:
Tres bandejas abiertas, cesta, tarjetas 133 a 144 (véase la parte posterior de las tarjetas).

Procedimiento:
Véase ítem 21.

Puntuación:
Véase ítem 21.

Serie 5: clasificación de formas diferentes

23
Materiales:
Tres bandejas abiertas, cesta, vaso, bolígrafo, peine, tarjetas 145 a 147 (véase parte posterior de las tarjetas).

Procedimiento:
Coloque las tres bandejas abiertas enfrente de la persona evaluada. Ponga el vaso, el bolígrafo y el peine en la cesta. Coloque la tarjeta A en la parte de arriba de la bandeja de la izquierda, la tarjeta B en la parte de arriba de la bandeja del medio y la tarjeta C en la parte de arriba de la bandeja de la derecha.

A continuación existen dos posibilidades:

1- coja un objeto de la cesta, páselo a la persona evaluada e incítela a clasificarlo en una bandeja;
2- coloque la cesta al lado de las bandejas en posición vertical e incite a la persona evaluada a coger un objeto sin ayuda y a clasificarlo en una bandeja.

En caso de escoger la primera opción, existe un orden predeterminado para la presentación de los objetos:

bolígrafo-peine-vaso

A continuación, coloque la cesta fuera del alcance de la persona evaluada. Coja los objetos de las bandejas y recójalos en su lugar correspondiente junto con el resto de los materiales del test. Cuando sea posible, permita que la persona evaluada recoja las tarjetas en su lugar correspondiente o que ponga una goma elástica alrededor de ellas. Después, deje que las coloque en la caja de actividades terminadas.

Puntuación:
Puntúe «+» únicamente cuando la persona evaluada haya clasificado los tres objetos correctamente.

24
Materiales:
Tres bandejas abiertas, cesta, cuchara, tijeras, botella, tarjetas 143 a 150 (véase la parte posterior de las tarjetas).

Procedimiento:
Coloque las tres bandejas abiertas enfrente de la persona evaluada. Ponga las tarjetas en la cesta de acuerdo con su numeración (en la parte posterior) con la imagen hacia arriba y coloque las tijeras en la bandeja de la izquierda, la botella en la bandeja del medio y la cuchara en la bandeja de la derecha.

A continuación existen dos posibilidades:

1- coja la tarjeta de arriba, pásela a la persona evaluada e incite a esta a que la clasifique en una bandeja;
2- coloque la cesta en posición horizontal al lado de las bandejas e incite a la persona evaluada a coger una tarjeta de forma independiente y a clasificarla en una bandeja.

Después, coloque la cesta fuera del alcance de la persona evaluada. Coja los objetos de las bandejas y recójalos en la caja o bolsa con el resto de los materiales del test. Cuando sea posible, permita que la persona evaluada guarde las tarjetas en su lugar correspondiente o que ponga una goma elástica alrededor de estas. Después, permita que las coloque en la caja de actividades terminadas.

Puntuación:
Puntúe «+» únicamente cuando la persona evaluada haya clasificado las tres tarjetas de forma correcta.

25
Materiales:
Tres bandejas abiertas, cesta, cuchara, tijeras, botella, tarjetas 151 a 153 (véase parte posterior de las tarjetas).

Procedimiento:
Coloque las tres bandejas abiertas una al lado de la otra enfrente de la persona evaluada. Ponga la botella, la cuchara y las tijeras en la cesta. Coloque la tarjeta A en la parte de arriba de la bandeja de la izquierda, la tarjeta B en la parte de arriba de la bandeja del medio y la tarjeta C en la parte de arriba de la bandeja de la derecha.

A continuación, existen dos posibilidades:

1. coja un objeto de la cesta, páselo a la persona evaluada e incítela a que lo clasifique en la bandeja;
2. coloque la cesta al lado de las bandejas en posición vertical e incite a la persona evaluada a coger un objeto de forma independiente y a clasificarlo en una bandeja.

En caso de elegir la primera opción, los objetos deben presentarse en un orden determinado:

cuchara-botella-tijeras

A continuación, coloque la cesta fuera del alcance de la persona evaluada. Recoja los objetos de las bandejas y colóquelos en la caja/bolsa con el resto de los materiales. Cuando sea posible, permita que la persona evaluada recoja las tarjetas en su lugar correspondiente o que ponga una goma elástica alrededor de estas. Después, permita que las coloque en la caja de actividades terminadas.

Puntuación:
Puntúe «+» únicamente cuando la persona evaluada haya clasificado los tres objetos correctamente.

26
Materiales:
Tres bandejas abiertas, cesta, cuchara, tijeras, botella, tarjetas 154 a 156 (véase parte posterior de estas).

Procedimiento:
Coloque las tres bandejas abiertas enfrente de la persona evaluada. Ponga las tarjetas en la cesta con la imagen hacia arriba y de acuerdo con su numeración (en la parte posterior de estas). Coloque las tijeras en la bandeja de la izquierda, la cuchara en la bandeja del medio y la botella en la bandeja de la derecha.

A continuación, existen dos posibilidades:

1- coja la tarjeta de arriba, pásela a la persona evaluada e incite a esta a que la clasifique en una bandeja;
2- coloque la cesta en posición horizontal al lado de las bandejas e incite a la persona evaluada a coger una tarjeta de forma independiente y a clasificarla en una bandeja.

A continuación, coloque la cesta fuera del alcance de la persona evaluada. Cuando sea posible, permita que recoja los objetos y las tarjetas en su lugar correspondiente o que ponga una goma elástica alrededor de estas. Después, deje que las coloque en la caja de actividades terminadas.

Puntuación:
Puntúe «+» únicamente cuando la persona evaluada haya clasificado las tres tarjetas correctamente.

27
Materiales:
Tres bandejas abiertas, cesta, vaso, bolígrafo, peine, tarjetas 157 a 159 (véase parte posterior de las tarjetas).

Procedimiento:
Coloque las tres bandejas abiertas una al lado de la otra y enfrente de la persona evaluada. Coloque el vaso, el bolígrafo y el peine en la cesta. Ponga la tarjeta A en la parte de arriba de la bandeja de la izquierda, la tarjeta B en la parte de arriba de la bandeja del medio y la tarjeta C en la parte de arriba de la bandeja de la derecha.
A continuación, existen dos posibilidades:

1- coja un objeto de la cesta, páselo a la persona evaluada e incítela a que lo clasifique en una bandeja;
2- coloque la cesta al lado de las bandejas en posición vertical e incite a la persona evaluada a coger un objeto de forma independiente y a clasificarlo en una bandeja.

En caso de elegir la primera opción, los objetos deben ofrecerse en un orden determinado:

vaso-bolígrafo-peine

A continuación, coloque la cesta fuera del alcance de la persona evaluada. Coja los objetos de las bandejas y colóquelos en la caja/bolsa con el resto de los materiales del test. Cuando sea posible, permita que recoja las tarjetas en su lugar correspondiente o que ponga una goma elástica alrededor de estas. A continuación deje que las coloque en la caja de actividades terminadas.

Puntuación:
Puntúe «+» únicamente cuando la persona evaluada haya clasificado los tres objetos correctamente.

28
Materiales:
Tres bandejas abiertas, cesta, vaso, bolígrafo, peine, tarjetas 160 a 162 (véase parte posterior de estas).

Procedimiento:
Coloque las tres bandejas abiertas enfrente de la persona evaluada. Ponga las tarjetas en la cesta de acuerdo con su numeración (en la parte posterior) y con la imagen hacia arriba. Coloque el bolígrafo en la bandeja de la izquierda, el vaso en la bandeja del medio y el peine en la bandeja de la derecha.

A continuación, existen dos posibilidades.

1- coja la tarjeta de arriba, pásela a la persona evaluada e incite a esta a clasificarla en una bandeja;
2- coloque la cesta en posición horizontal al lado de las bandejas e incite a la persona evaluada a coger una tarjeta sin ayuda y a clasificarla en una bandeja.

Después, coloque la cesta fuera del alcance de la persona evaluada. Cuando sea posible, permita que la persona evaluada recoja los objetos y las tarjetas en el lugar adecuado o que ponga una goma elástica alrededor de las tarjetas. Después, deje que las coloque en la caja de actividades terminadas.

Puntuación:
Puntúe «+» únicamente cuando la persona evaluada haya clasificado las tres tarjetas correctamente.

29
Materiales:
Tres bandejas abiertas, cesta, tarjetas 163 a 168 (véase parte posterior de estas).

Procedimiento:
Coloque las tres bandejas abiertas enfrente de la persona evaluada. Ponga las tarjetas con la imagen hacia arriba en la cesta y de acuerdo con su numeración (en la parte posterior). Coloque la tarjeta A en la parte de arriba de la bandeja de la izquierda, la tarjeta B en la parte de arriba de la bandeja del medio y la tarjeta C en la parte de arriba de la bandeja de la derecha.

A continuación, existen dos posibilidades:

1- coja la tarjeta de arriba, pásela a la persona evaluada e incite a esta a que la clasifique en una bandeja;
2- coloque la cesta horizontalmente al lado de las bandejas e incite a la persona evaluada a coger una tarjeta sin ayuda y a clasificarla en una bandeja.

La persona evaluada debe colocar la tarjeta debajo de las tarjetas ejemplo (en la parte inferior de la bandeja); si cubre la tarjeta ejemplo, el examinador deberá colocar la tarjeta debajo de esta. El examinador también deberá hacer eso cuando la persona evaluada cometa un error.

A continuación, coloque la cesta fuera del alcance de la persona evaluada. Si es posible, permita que recoja las tarjetas en el lugar correspondiente o que ponga una goma elástica alrededor de las tarjetas. Después, permita que coloque las tarjetas en la caja de actividades terminadas.

Puntuación:
Puntúe «+» únicamente cuando la persona evaluada haya clasificado las tres tarjetas correctamente.

30

Materiales:
Tres bandejas abiertas, cesta, tarjetas 169 a 174 (véase parte posterior de estas).

Procedimiento:
Véase ítem 29.

Puntuación:
Véase ítem 29.

7. Interpretación de los resultados

7.1. Introducción

El ComFor proporciona una recomendación clínica y de intervención individual sobre comunicación aumentativa. Para cada persona que realizó el test, se debe considerar en qué tareas tuvo éxito y en cuáles fracasó. Es, por lo tanto una interpretación basada en el contenido, y no una interpretación basada en la norma (para encontrar una discusión sobre la diferencia entre interpretaciones basadas en el contenido y en la norma véase Evers, 2001). La comparación de los resultados de una persona con los resultados de otras no es necesaria para obtener las recomendaciones del ComFor. El ComFor no se usa para determinar el grado de desarrollo general de la persona con autismo o el nivel general de atribución de significado. La suma de puntuaciones positivas en las series, niveles y puntuaciones totales no es indicativa de intervenciones específicas; en cambio, el perfil de puntuaciones positivas de las series y niveles sí que es relevante para las recomendaciones. El ComFor tampoco se utiliza para diagnosticar autismo; los resultados solo deben interpretarse para la determinación de las necesidades de sistemas de comunicación aumentativa. Las dos preguntas principales que son relevantes aquí son:

1- ¿Cuál es el sistema de comunicación aumentativa más adecuado?
2- ¿A qué nivel de atribución de significados se puede ofrecer ese sistema?

El apartado 7.2. presentará de forma extensiva la indicación del sistema de comunicación aumentativa basada en los resultados del ComFor. En primer lugar, se proporcionarán indicaciones generales, seguidas por la indicación de la forma y del nivel de atribución de significados. Finalmente, se revisarán los factores que pueden influir en las recomendaciones. El apartado 7.3 introducirá de forma breve la implementación del sistema de comunicación aumentativa indicado. En el apartado 7.4. se describirán los usos clínicos del ComFor, con ejemplos.

7.2. Indicación del sistema de comunicación aumentativa

7.2.1. Indicaciones generales

Es importante tener en cuenta que la administración del ComFor se lleva a cabo en condiciones ideales, tales como una situación sin distracciones y muy estructurada y con apoyo individual. Las puntuaciones de la persona evaluada deben por tanto considerarse como su «nivel máximo». Desde un punto de vista evolutivo, normalmente se tiende a usar la comunicación aumentativa según el nivel de habilidad máximo de la persona evaluada. Sin embargo, cuando se trata de la indicación clínica, debemos tener en cuenta las realidades del día a día, que son mucho más complicadas. La comunicación aumentativa debería ser capaz de ofrecer ayuda cuando las circunstancias no son óptimas, por ejemplo, en situaciones ruidosas de grupo y sin apoyo individual. Por lo tanto, se recomienda que la comunicación aumentativa se implemente un poco por debajo del nivel máximo. Durante otras actividades en las cuales haya condiciones óptimas de aprendizaje y enseñanza, se puede, si se desea, trabajar al nivel máximo (véase también 7.4).

Lo que es más, en 4.4.3 se discute otra razón relacionada con la fiabilidad test-retest por la cual la comunicación aumentativa debería implementarse por debajo del nivel máximo. A partir del análisis cualitativo de los datos individuales a nivel del ítem, se mostró que las puntuaciones en el nivel máximo de funcionamiento son menos estables. Debe considerarse cierto margen de incertidumbre.

Debido al riesgo de estimación en exceso, los ítems del ComFor se puntúan de forma muy estricta: para que la persona evaluada puntúe «+», todas las tarjetas u objetos deben clasificarse de forma correcta. Cuando la persona evaluada comete un error, la puntuación es «-». Frecuentemente, se comete un error, quizás por problemas de concentración o porque algo distrae a la persona que está siendo evaluada. Sin embargo, esto ocurre también en la vida diaria y podría ser la causa de la falta de comprensión de la parte esencial de un mensaje comunicativo.

En general, al interpretar el perfil de puntuaciones, todos los ítems con puntuación positiva pueden utilizarse para la comunicación aumentativa, siempre y cuando se haya tenido en cuenta el margen de incertidumbre en el nivel máximo. Por lo tanto, no es cierto que la comunicación aumentativa solo pueda ofrecerse en una forma particular o en un nivel específico: es posible hacer combinaciones. La funcionalidad en el contexto puede y debe influir en la elección del sistema aumentativo de comunicación, pero solo dentro de los límites de los resultados que la persona evaluada obtenga en el ComFor.

En 7.2.2 se presentará el modo en el que se indica la forma de comunicación aumentativa, mientras que en 7.2.3 se hablará de la recomendación sobre el nivel de atribución de significados.

7.2.2. Indicación de la forma de comunicación aumentativa

Para indicar la forma de comunicación aumentativa debemos responder a la pregunta sobre cuál es el instrumento más apropiado para aumentar la comunicación. Los ítems del ComFor se pueden diferenciar en función de su dimensionalidad: tres dimensiones (objetos) frente a dos dimensiones (imágenes) o una combinación de estos (véase la serie 5). En lo que se refiere a la indicación de la forma, primero hay que decidir si el apoyo debe ofrecerse en forma bi o tridimensional. Dentro de cada una de estas posibilidades dimensionales, puede haber requerimientos más específicos.

7.2.2.1. Tridimensional

Cuando los resultados positivos sean limitados en la serie 1, serie 2 o en los ítems 18, 19 y 20 de la serie 4, la comunicación siempre debe estar apoyada por objetos. Cuando, además de esto, solo unos pocos ítems bidimensionales tienen puntuaciones positivas (serie 3 o ítems 21 y 22 de la serie 4), esto debe interpretarse como puntuación máxima. En este caso, se debe elegir comunicación aumentativa en forma de objetos.

Puntuaciones positivas en la serie 1

Los objetos que se usen para la comunicación aumentativa no deben ser maleables y deben diferir entre ellos tanto como sea posible, en lo que se refiere a forma, materia y color. Además, deben ser fáciles de manipular; por ejemplo, no deben requerir el uso de la pinza digital (sujetarlo con los dedos índice y pulgar).

A1 Una simple estructura de encajar que sea fácil de manipular. En el contexto de la vida cotidiana no se aconseja todavía usar estructuras de encajar (véase 7.2.3: indicación del nivel de «atribución de significados»; nivel de sensación). Sin embargo, se puede practicar el ensamblaje en situaciones de aprendizaje.

A2 Una simple estructura de encajar que sea un poco más difícil de manipular. Vida cotidiana: véase A1.

A3 Una simple estructura de encajar que sea aún más difícil de manipular. Vida cotidiana: véase A1.

B Una combinación de dos estructuras de encajar; la tarea puede resolverse a través de ensayo y error. En la vida cotidiana, la comunicación aumentativa no será posible de forma íntegra a través del ensamblaje de estructuras (véase 7.2.3: indicación del nivel de «atribución de significados»; nivel de sensación). Sin embargo, es posible trabajar con unas pocas estructuras de encajar. Es importante que los objetos puedan encajarse o insertarse en una estructura de forma irreversible. Todos los objetos deben tener un significado funcional no ambiguo, de modo que la acción de encajar y las asociaciones sean posibles solo en una dirección. Si se usa más de un encaje, uno detrás de otro para aumentar la comunicación, estos deben diferir entre ellos lo más posible.

Por ejemplo: una pelota que encaja perfectamente en una abertura redonda de la tapa de un recipiente opaco que está fijado a la mesa.

C Una combinación de tres estructuras de encajar. La tarea puede resolverse a través de ensayo y error. En la vida cotidiana, es posible usar distintas estructuras de encajar como apoyo. Estas estructuras deben diferir entre ellas lo más posible. Una vez más, no debe ser posible rescatar los objetos una vez que han sido encajados.

D Una combinación de dos estructuras de encajar y una estructura abierta; la tarea no puede ya resolverse por ensayo y error. En principio, no es necesario que las estructuras se encajen de forma irreversible, pero sin embargo es recomendable que se utilice una estructura rígida. También se pueden escoger objetos que encajen con otros.

Por ejemplo: un rollo de papel higiénico en un tubito;
un bloque de lego que encaje en otro bloque de lego;
un vaso que encaje en su soporte.

Puntuaciones positivas en la serie 2

Dependiendo de las puntuaciones obtenidas en la segunda serie, las demandas son menos específicas en cuanto a forma, color, material y tamaño.

1 Los objetos deben diferir claramente los unos de los otros en lo que se refiere a forma, color y material y deben ser fácilmente manipulables.
Por ejemplo: un cepillo de dientes;
un mantel individual.

2 Los objetos deben diferir claramente entre ellos (véase 1), pero pueden ser más pequeños. Estos objetos requieren unas habilidades de motricidad fina más desarrolladas.
Por ejemplo: una llave.

3 Los objetos deben diferenciarse en cuanto a su forma, pero pueden parecerse unos a otros en el material y el color.
Por ejemplo: cucharas, cuchillos y tenedores en un cajón de cubiertos; distintos tipos de vasos en un armario.

4 La persona evaluada es capaz de distinguir objetos según su color, mientras que el material y la forma son idénticos.
Por ejemplo: cada miembro del grupo tiene su propio mantel individual de un color determinado.

5 La persona evaluada es capaz de diferenciar formas de manera más precisa. Se debe tener en cuenta la forma y el tamaño, pero la actividad puede ser resuelta simplemente al encajar unos objetos en otros.
Por ejemplo: un plato de comer grande;
un plato de postre pequeño.

6 La persona evaluada es capaz de tener en cuenta a la vez varios aspectos referidos a la forma. La actividad ya no se puede resolver al encajar unos objetos con otros.
Por ejemplo: una llave de la puerta principal;
una llave del candado de la bici.

7 La persona evaluada es capaz de tener en cuenta a la vez varios aspectos referidos a la forma. Los objetos diferirán entre ellos solo en pequeños detalles. No existen limitaciones específicas en lo que se refiere a la elección de objetos.

7.2.2.2. Bidimensional

La comunicación puede ser bidimensional cuando se obtienen resultados positivos en la serie 3, en los ítems 21 y 22 de la serie 4, o en la serie 5. Cuando solo unos pocos ítems bidimensionales sean positivos, esto se debe interpretar como una puntuación máxima. En ese caso, la comunicación aumentativa en las actividades cotidianas debe llevarse a cabo con objetos. En situaciones de aprendizaje, pueden usarse también imágenes.

Fotografías

En orden creciente de dificultad:

8 Se pueden usar fotografías si son fotografías en color que muestran objetos con contornos claros, fotografiados frente a un fondo neutral. La fotografía debe ser una imagen con una clara distinción figura-fondo

11 Se pueden usar fotografías en color y en blanco y negro. Las imágenes pueden ser de personas, objetos y/o actividades pero deben diferir unas de otras de forma muy clara. El enfoque está en el contorno de la imagen en su totalidad. Es muy importante que haya contornos claros y una clara distinción figura-fondo.

14 Los aspectos diferentes pueden ser detalles o partes de la imagen global (por ejemplo, un objeto en la mano de una persona). Continúa siendo importante una clara diferenciación figura-fondo.

21 Los aspectos diferenciadores pueden estar fotografiados sobre un fondo complejo. La persona evaluada es capaz de seleccionar las partes relevantes dentro de un contexto complejo. Sin embargo, el fondo de las distintas imágenes debe ser diferente.

22 Se pueden utilizar fondos similares en las distintas fotografías.

Dibujos lineales

En orden creciente de dificultad:

9 Se pueden utilizar dibujos con líneas definidas, muy simples, sin detalles y con un fondo neutral. Los contornos de los dibujos usados deben diferir claramente los unos de los otros.

15 Los dibujos lineales pueden ser más complejos o más detallados. La persona evaluada es capaz de detectar pequeñas diferencias entre contornos similares.

Pictogramas

En orden creciente de dificultad:

10 Se pueden usar pictogramas, siempre y cuando sean simples y contengan líneas bien definidas. Además, los contornos deben diferenciarse claramente los unos de los otros. A ser posible, se utilizarán pictogramas de objetos o de formas simples abstractas.

12 Los pictogramas pueden ser más complejos o detallados. Pueden ilustrar actividades o acciones. En cualquiera de los casos, los contornos pueden ilustrar detalles adicionales.

Lenguaje escrito

En orden creciente de dificultad:

13 Se pueden utilizar letras o números de forma individual. Estos deben tener contornos bien definidos y que difieran claramente unos de otros.
16 Se pueden utilizar combinaciones de dos letras o números. Sin embargo, sus contornos deben estar aún bien definidos y deben diferir claramente unos de otros.
17 Se pueden utilizar combinaciones de letras con contornos claramente definidos. Los contornos deben diferenciarse claramente unos de otros.
30 Se pueden utilizar combinaciones más complejas de letras.

7.2.3. Indicación del nivel de «atribución de significados»

Al indicar el nivel de «atribución de significados», intentaremos determinar en qué nivel se debe implementar el sistema elegido (véase 7.2.2). A partir de los resultados del ComFor se pueden ofrecer tres recomendaciones: nivel de sensación, de presentación y de representación.

7.2.3.1 Nivel de sensación

El ComFor mide la percepción a nivel de presentación y representación y no se centra específicamente en el nivel de sensación. Eso significa que la indicación de un sistema de comunicación en el nivel de sensación se puede ofrecer únicamente por eliminación de los otros niveles y, por lo tanto, de forma implícita. Si no se puede alcanzar el criterio para establecer una comunicación aumentativa en el nivel de presentación, la comunicación deberá implementarse en el nivel de sensación. Esto significa que la recomendación de implementar comunicación aumentativa en el nivel de sensación se dará cuando no haya resultados positivos, o cuando solo haya unos cuantos resultados positivos en los ítems A1, A2 y/o A3. El apoyo a nivel de sensación también es importante en los comienzos del nivel de presentación (ítems B, C y D; véase 7.2.3.2).

En el nivel de sensación, las experiencias sensoriales que se alcanzan a través de los distintos sentidos (olfato, gusto, vista, oído, tacto y sentidos vestibulares y propioceptivos) son fundamentales. El ComFor solo proporciona una indicación general, y es necesario realizar evaluaciones complementarias. Para cada persona se debe determinar a través de observaciones específicas qué sentido es el más receptivo. Con frecuencia, los sentidos proximales juegan un papel muy importante. Generalmente, las personas con autismo tienen hiper o hiposensibilidad frente a ciertos estímulos, tienden a procesar la información de forma monosensorial y tienen dificultades para la integración sensorial. El proceso de obtener información sobre la atribución de significados en el nivel de sensación es muy complejo y lleva mucho tiempo.

La comunicación aumentativa en el nivel de sensación está normalmente relacionada simplemente con el cuerpo. Cuando ciertas experiencias sensoriales ocurren con frecuencia, se convierten en familiares. Sin embargo, la comprensión funcional y, sin lugar a dudas, el significado referencial están ausentes. No obstante, la familiaridad o el reconocimiento de las experiencias sensoriales son muy importantes para favorecer un sentimiento de seguridad.

En el nivel sensorial, es necesaria una gran estructura, tanto del medio ambiente, como de las actividades. Los espacios deben estar amueblados de forma funcional y se deben utilizar de forma adecuada. Se deben seguir unos horarios diarios y una rutina de actividades específica. Las rutinas, junto con las experiencias sensoriales, facilitarán la sensación de familiaridad y reconocimiento.

Por ejemplo: una mantita a la hora de dormir;
un babero a la hora de comer;
una riñonera a la hora de jugar en el patio.

En el nivel de sensación es importante una elección consciente y un inventario de las experiencias sensoriales que ocurren de forma diaria. Es importante ser consciente de que a veces las actividades solo se reconocen a través de un conjunto de experiencias sensoriales; a la hora de dormir, por ejemplo, no se utiliza solo una mantita, sino también un osito de peluche, una almohada, etc. Lo que es más, es importante evitar el uso de experiencias sensoriales similares durante actividades distintas. Por ejemplo, se puede generar confusión si la cama se usa tanto para la hora de dormir como para otras actividades diarias.

La comunicación aumentativa en el nivel de sensación es muy individual en cuanto a su esencia y sus demandas y, tal como se ha mencionado anteriormente, debe basarse en el conocimiento de profesionales con experiencia específica en esta área y en observaciones detalladas de la persona evaluada. El ComFor sirve solo para proporcionar una indicación muy general.

7.2.3.2. Nivel de presentación

La comunicación aumentativa puede implementarse con seguridad en el nivel de presentación cuando se obtengan resultados positivos en las series 2 o 3. La serie 1 se refiere a la presentación en sus primeros niveles y se discutirá de forma separada.

En el nivel de presentación, la información se percibe dentro de un contexto concreto. Los objetos se comprenden de una forma funcional, y los acontecimientos de la vida se pueden anticipar dentro del aquí y del ahora de la situación presente. Cuando se pone la mesa y la cena está en la mesa, el mensaje está literalmente presente, y la cena debería comenzar inmediatamente.

En la parte teórica de este manual, se ha mencionado cómo, si se compara a las personas con autismo con las personas sin autismo, las primeras muestran frecuentemente una mayor discrepancia entre sus habilidades en los niveles de presentación y representación. Con la comunicación aumentativa, las relativamente desarrolladas habilidades en el nivel de presentación se pueden usar para clarificar transiciones entre actividades o las actividades en sí mismas. En este caso, las habilidades a nivel de presentación, bien desarrolladas, se pueden utilizar para compensar habilidades a nivel de representación, no tan desarrolladas. En este contexto se contemplan dos estrategias:

- «encajar» (indicado cuando haya puntuaciones positivas en la serie 1);
- «emparejar» (indicado cuando haya puntuaciones positivas en las series 2 o 3).

Encajar: resultados positivos en los ítems B, C y/o D de la serie 1

Tal y como se ha mencionado con anterioridad, la comunicación aumentativa se debe implementar en el nivel de sensación cuando haya puntuaciones positivas en los ítems A1, A2 y/o A3. Cuando los resultados positivos se hayan obtenido en los ítems B, C y/o D, se mantiene la recomendación sobre la comunicación aumentativa en el nivel de sensación, pero se pueden dar los primeros pasos hacia el nivel de presentación.

Por ejemplo:

> La transición de la situación de trabajo en la mesa se puede aclarar encajando una bolita. La bolita encaja perfectamente en el agujero circular de un recipiente que está fijo en la mesa. Una vez la bolita está dentro del recipiente cerrado, es imposible rescatarla.

En el nivel de presentación, es importante que la pieza que va a encajarse y el destino de la pieza se presenten al mismo tiempo. La primera vez, el objeto (la bolita) se le debe dar a la persona con autismo cerca del recipiente con tapa y, si es necesario, se le debe ayudar a encajarlo. La siguiente vez, la persona evaluada lo hará por sí misma. Luego, el objeto se le va entregando a distancias progresivamente mayores del destino. A través del «encadenamiento hacia atrás» se aumentará progresivamente la distancia entre el objeto y su destino. De esta manera, la persona con autismo aprende a hacer la transición de una actividad a otra de forma independiente. El objeto puede convertirse en señal hacia la siguiente actividad, pero no es un símbolo, porque estos requieren atribución de significado en el nivel de representación[3].

Cuando la permanencia de objeto no se haya desarrollado, la distancia solo puede incrementarse entre los límites de lo que está a la vista. Cuando se le da el objeto a la persona evaluada, el destino debe estar dentro del campo visual en ese momento dado. Cuando la persona evaluada haya desarrollado la permanencia de objeto, la distancia puede aumentarse más. De esa manera, la transición de una habitación a otra puede anunciarse con comunicación aumentativa.

3 Nota del Editor: la obra *Autismo: de la Comprensión Teórica a la Intervención Educativa*, de Theo Peeters, explica en profundidad el uso de objetos para la estructuración temporal en el autismo.

Al final de las series (ítem D) se pueden usar estructuras de encajar en las cuales los objetos no «desaparecen», sino que simplemente encajan con otros.

Por ejemplo:

> La transición desde el área de juego se puede marcar encajando una pieza de Lego en otra pieza de Lego. La transición desde el baño se puede marcar colocando el rollo de papel higiénico en su soporte. Para la transición desde el comedor se puede colocar un vaso en su soporte.

Cuando se utilicen varios objetos, es importante que dichos objetos y los lugares donde se encajen sean lo más diferentes posible (véase indicación de las formas de comunicación aumentativa, 7.2.2.1).

Encajar estructuras puede aclarar la transición de una actividad a otra y también aumentar la claridad de la actividad en sí misma.

Por ejemplo:

> En el gimnasio, puede haber una caja de pelotas para la cesta que tiene velcro en la parte de abajo. Las pelotas se deben lanzar en la cesta (desaparecen). Cuando todas las pelotas están en la cesta, la actividad se da por terminada.

Emparejar: resultados positivos en las series 2 y/o 3

Cuando solo se haya obtenido un resultado positivo en la serie 2 (por ejemplo en el ítem 1), este se debe considerar el nivel máximo de la persona evaluada. En estos casos se recomienda usar emparejamiento de estructuras para la comunicación aumentativa. Cuando se haya obtenido más de un resultado positivo en las series 2 y/o 3, la comunicación se puede llevar a cabo emparejando en el nivel de presentación. La estrategia de aprendizaje es la misma que se usa al encajar objetos, pero la comunicación aumentativa es más evidente ya que los objetos no «desaparecen» completamente. En estas situaciones se introducen dos objetos o imágenes idénticos al mismo tiempo.

Por ejemplo:

> La transición de la situación de trabajo se marca con un pictograma de un pupitre que se empareja con otro pictograma idéntico colocado en el pupitre de trabajo. La primera vez, la copia del pictograma se presenta en el pupitre; después, la copia se presenta a distancias cada vez mayores del pupitre.

Al emparejar en el nivel de presentación, la distancia se aumenta a través de la técnica de encadenamiento hacia atrás. El objeto o imagen idéntico es una señal de la actividad que va a ocurrir, tal y como sucede en la situación de encajar. Del mismo modo, el emparejamiento se puede llevar a cabo fuera del campo visual cuando la persona evaluada haya desarrollado permanencia de objeto. Si la permanencia de objeto no está presente, el apoyo se verá limitado al campo visual.

En lo que se refiere al emparejamiento, se puede diferenciar entre emparejar imágenes una encima de la otra o emparejar imágenes una al lado de la otra. Para elegir entre una u otra opción, resulta de utilidad observar cuidadosamente cómo manipula los objetos la persona evaluada durante la administración del ComFor. Cuando los objetos de la serie 2 se emparejan literalmente unos encima de los otros (por ejemplo, cuando coloca las cucharas cuidadosamente unas encima de las otras) la percepción se encuentra entre los límites entre encajar y emparejar. En esos casos, se recomienda utilizar la estrategia de encajar para que la persona se sienta cómoda con la tarea. Cuando en la serie 3 coloca las imágenes literalmente encima de la tarjeta ejemplo (a pesar de que el examinador las pone debajo una y otra vez), se recomienda que las imágenes que se usen para apoyar la comunicación se emparejen con imágenes idénticas en el destino. Cuando durante la administración del test la persona evaluada coloca con facilidad las imágenes debajo de la imagen ejemplo, las imágenes se pueden emparejar, bien al lado, bien debajo de la imagen destino.

7.2.3.3. Nivel de representación

En el nivel de representación la persona evaluada comprende el referente o la función simbólica de los objetos, imágenes o lenguaje escrito. Para alcanzar este nivel es imprescindible que la persona evaluada haya adquirido la permanencia de objeto. La comunicación en el nivel de representación ofrece a la persona una indicación sobre el futuro. La predicción fuera de aquí y del ahora de la situación actual se alcanza a través de referentes.

Los ítems en el nivel de representación deben considerarse como un indicador general de la representación. En las puntuaciones del nivel de representación, centramos menos la atención en las puntuaciones individuales de cada ítem. En las series 4 y 5 se ha intentado incluir una amplia variedad de ítems en el nivel de representación. Se refiere exclusivamente a significados primarios y funcionales.

Representación en desarrollo: puntuaciones positivas en la serie 5, pero no en la serie 4

Para que se produzca comunicación en el nivel de representación, es necesaria la atribución de significados ajena a las propiedades perceptibles, literales y concretas. Los primeros ítems de la serie 5 se pueden solucionar de forma correcta basándonos en la percepción de la forma o el color (habilidades del nivel de presentación), a pesar de que conlleva clasificar objetos con representaciones de esos mismos objetos (o viceversa, clasificando representaciones de objetos con objetos).

Cuando solo se obtengan uno o dos resultados positivos en la serie 5, estos se deben considerar el nivel máximo de la persona evaluada. En estos casos, la comunicación aumentativa debe implementarse en el nivel de presentación (véase 7.2.3.2).

Cuando se obtengan más resultados positivos en la serie 5 pero no en la serie 4 (o apenas ninguno), quiere decir que la representación está en desarrollo y es recomendable no comenzar inmediatamente con referentes fuera de contexto. La comunicación aumentativa se debería implementar en el nivel de presentación.

Si, por ejemplo, se obtienen resultados altos en la serie 3, se puede indicar que la persona evaluada utilice estrategias de emparejado. Para estar seguros de que tendrá éxito, los objetos o imágenes idénticas se deben introducir en la situación propiamente dicha, pero la función referencial de los objetos o imágenes se puede trabajar de forma más rápida a través de la técnica de encadenamiento hacia atrás.

Representación claramente presente: resultados positivos en las series 4 y 5

Cuando se obtengan varios resultados positivos en las series 4 y 5, la comunicación aumentativa puede implementarse en el nivel de representación. No es necesario usar el encadenamiento hacia atrás. La persona evaluada comprende la función referencial de los objetos o palabras.

Representación claramente presente: resultados positivos en las series 4 y 5, incluidos los ítems 29 y 30

Cuando la persona evaluada es claramente capaz de atribuir significados en el nivel de representación (véase arriba) y además ha obtenido resultados positivos en los ítems 29 y 30, la comunicación aumentativa puede implementarse mediante símbolos escritos. La persona evaluada ha obtenido resultados positivos en los niveles más altos del test. En estos casos, el ComFor proporciona simplemente una indicación general, y serán necesarios más tests para determinar el nivel de comprensión de los símbolos escritos.

7.2.4. Apuntes sobre la recomendación de comunicación aumentativa

La recomendación de usar comunicación aumentativa no se basa únicamente en los resultados del ComFor, sino que debe realizarse dentro de un contexto más amplio. Un conjunto de factores personales y ambientales podrán influir en la decisión que se tome. En lo que se refiere a características personales, además de los resultados de tests y escalas, se deben tener en cuenta la presencia de discapacidades físicas, la condición física de la persona y aspectos relacionados con su personalidad y carácter (Kraijer y Plas, 2002). En ciertas situaciones se podría aconsejar mantenerse a un nivel más bajo que el indicado por el ComFor. Para aquellas personas que en principio pueden percibir y atribuir significados en el nivel de representación, pero que tienen conductas problemáticas, se recomienda implementar la comunicación aumentativa mediante el emparejamiento. Emparejar ofrece más independencia; la persona con autismo puede comprobar de forma personal si ha llegado o no al destino correcto y no necesita que otra persona la corrija cuando comete un error. Se recomienda lo mismo en casos de personas temerosas o poco seguras de sí mismas; al permitirles usar el emparejamiento, se les ofrece una corroboración extra.

Para aquellas personas con atención dispersa o con poca capacidad de atención, podría ser aconsejable permitirles encajar objetos, en lugar de emparejarlos. A veces, esas personas consiguen realizar los emparejamientos de forma adecuada gracias a la claridad y la tranquilidad presentes en la situación de test, pero las situaciones de la vida cotidiana normalmente son más complejas. En el video «En otras palabras: comunicación aumentativa para niños con autismo y dificultades de aprendizaje» (Noens y Van Berckelaer-Onnes, 2002)[4], se proporcionan ejemplos de encajado de imágenes.

Un último ejemplo se refiere a aquellas personas que sufren de ataques epilépticos o serias fluctuaciones de consciencia. En esos casos, puede ser útil ofrecer una comunicación aumentativa que esté literalmente «unida al cuerpo». Eso se puede conseguir mediante una comunicación aumentativa en el nivel de sensación; las personas con capacidades más desarrolladas pueden llevar las imágenes en un «reloj de imágenes» (un reloj en el cual las imágenes se adhieren con velcro o con un imán) o en una agenda.

4 Nota del Editor: Este vídeo no se encuentra disponible en castellano en el momento de publicar este manual.

7.2.5 Resumen

FORMA	
Tridimensional	*Bidimensional*
Resultados positivos limitados a - serie 1 - serie 2 - ítems 18/19/20 de la serie 4 o unos pocos resultados positivos en la serie 3 Recomendación en detalle: véase 7.2.2.1	Varios resultados positivos en - serie 3 - ítems 21/22 de la serie 4 - serie 5 Opciones: - fotografías - dibujos lineales - pictogramas - lenguaje escrito Recomendación en detalle: véase 7.2.2.2

NIVEL DE ATRIBUCIÓN DE SIGNIFICADOS		
Sensación	*Presentación*	*Representación*
Indicación en nivel de sensación: - sin puntuaciones positivas - puntuaciones positivas solo en A1/A2/A3 en la serie 1 Se requieren evaluaciones adicionales. La comunicación aumentativa en el nivel de sensación es importante cuando las puntuaciones positivas están limitadas a la serie 1. Más detalles: véase 7.2.3.1.	Encajado: Resultados positivos en B/C/D de la serie 1 o unas pocas puntuaciones positivas en la serie 2. Emparejamiento: Varios resultados positivos en: - serie 2 - serie 3 o unos pocos resultados positivos en la serie 5. Más detalles: véase 7.2.3.2.	Representación en desarrollo: varios resultados positivos en la serie 5, pero no en la serie 4. Representación claramente presente: Varios resultados positivos en las series 5 y en la serie 4 (incluyendo ítems 29 y 30: símbolos de lenguaje escrito: se requiere evaluación adicional). Más detalles: véase 7.2.3.3.

Nota: La comunicación aumentativa debe implementarse siempre por debajo del nivel máximo de la persona con autismo.

7.3. Implementación de la comunicación aumentativa

Este manual no describe de forma exhaustiva la implementación de comunicación aumentativa. El ComFor pretende proporcionar recomendaciones sobre comunicación aumentativa, no una guía sobre cómo llevarla a cabo. Sin embargo, es importante mencionar ciertos requisitos que deben cumplirse para poder implementar de forma adecuada la comunicación aumentativa recomendada.

En primer lugar, la comunicación aumentativa es solo significativa cuando existe claridad en cuanto a espacio, materiales, tiempo y actividades. Estas son las condiciones necesarias para asegurar una estructura de aprendizaje, tal y como se describe en el curriculum TEACCH. Para más información sobre TEACCH (siglas en inglés de Tratamiento y educación para niños con autismo y otras dificultades comunicativas) véase Marcus, Schopler y Lord (2001), Schopler (1997) y Schopler, Mesibov y Hearsey (1995)[5]. Los principios de TEACCH ofrecen una base sólida para la intervención, pero necesitan adaptarse en función del nivel de atribución de significados de cada individuo (Noens y Van Berckelaer-Onnes, 2004).

En segundo lugar, la comunicación aumentativa requiere un enfoque integrado y multidisciplinar. La comunicación aumentativa debe implementarse en todas las situaciones: en el grupo, en la clase, en casa, en el trabajo, de vacaciones y durante situaciones de aprendizaje y de terapia. Al implementar la comunicación aumentativa de forma sistemática, la persona conseguirá una mejor comprensión del mundo que la rodea. Este tipo de enfoque requiere pautas multidisciplinares; la formación de todos aquellos involucrados es imprescindible. En el vídeo mencionado con anterioridad —«En otras palabras: comunicación aumentativa para niños con autismo y dificultades de aprendizaje» (Noens y Van Berckelaer-Onnes, 2002)— se proporcionan ejemplos sobre un enfoque integrado en un centro de día para niños con discapacidad intelectual. Finalmente, se debe mencionar que el ComFor se centra fundamentalmente en la comunicación receptiva, ya que generalmente esta se encuentra más afectada en las personas con autismo que la comunicación expresiva (véase 2.2). Eso no quiere decir que la comunicación expresiva sea menos importante; al contrario, la comunicación expresiva también debe estimularse.

---

5 Nota del Editor: existe un material adaptado al sistema educativo español denominado *El Acceso al Currículo por Alumnos con Trastorno del Espectro del Autismo: uso del Programa TEACCH para Favorecer la Inclusión*, de Gary Mesibov y Marie Howley.

7.4. Indicaciones y limitaciones

El ComFor intenta responder a las preguntas sobre la comunicación aumentativa. Este instrumento se ha desarrollado principalmente para su uso en personas con autismo. Debido a que el procedimiento de administración es tan claro, el ComFor puede usarse con personas que hayan sido difíciles de evaluar con anterioridad, por ejemplo, personas que presentan graves conductas problemáticas o cuyas habilidades están poco desarrolladas. Durante el desarrollo del ComFor no se han tenido en cuenta posibles dificultades a nivel visual o motriz.
A continuación, se presentan cinco ejemplos.

Alí

Alí tenía cinco años cuando realizó el ComFor. En esa época, acudía a un centro médico de día y estaba en lista de espera en una escuela para niños con discapacidad intelectual grave. Alí tiene autismo y un retraso significativo del desarrollo. Su edad de desarrollo evolutivo es aproximadamente de 26 meses, según la escala PEP-R (Perfil psicoeducativo revisado; Schopler y cols., 1990) al igual que con la VABS (escala Vineland de conducta adaptativa; Sparrow, Balla, y Cicchetti, 1984). La administración del SON-R (un test holandés de inteligencia no verbal; Tellegen, Winkel, y Wijnberg-Williams, 1996) no tuvo éxito, porque Alí no comprendía las instrucciones. A veces, Alí dice palabras en holandés y en turco, pero la mayoría de las veces se trata de ecolalia diferida. En la figura 7.1 se muestran todas las puntuaciones que obtuvo en el ComFor.

Basándonos en esas puntuaciones, se puede concluir que Alí puede usar objetos e imágenes para la comunicación aumentativa. Cuando se elijan objetos, deberán diferir claramente los unos de los otros en cuanto a su forma y su color. Alí no es capaz de tener en cuenta varios aspectos de forma a la vez (falló en los ítems 5, 6 y 7). En lo que se refiere al uso de imágenes, es capaz de clasificar fotografías en color, fotografías en blanco y negro y dibujos lineales, así como pictogramas (los ítems 8, 9, 10 y 11 los resolvió de forma satisfactoria), siempre y cuando los contornos difieran claramente. Cuando se añadieron detalles más complejos a los contornos, cometió errores. Durante la administración del ComFor, fue capaz de clasificar letras aisladas, pero el ítem 13 fue claramente su límite más alto. Al final se eligió utilizar pictogramas, ya que permitían más posibilidades y son más fáciles de interpretar que los objetos.

En lo que se refiere al nivel de atribución de significados, está claro que Alí obtuvo buenos resultados en el nivel de presentación. También obtuvo un resultado positivo en la serie 5 (ítem 23), pero este debe interpretarse como puntuación máxima.

En casa, al igual que en el centro médico de día, se le enseñó a emparejar pictogramas con la localización de la actividad correspondiente. Como Alí emparejó ítems unos encima de otros en la serie 3, también se le permitió emparejar pictogramas unos encima de otros en las situaciones diarias. La distancia se fue aumentando, mediante la técnica de encadenamiento hacia atrás. Alí demuestra la adquisición de la permanencia de objeto; después de varias semanas de entrenamiento, se pudo hacer la transición a otro espacio, de forma independiente.

PRESENTACIÓN			REPRESENTACIÓN	
Serie 1	**Serie 2**	**Serie 3**	**Serie 4**	**Serie 5**
		17 N		
		16 -		
		15 -		30 N
	7 -	14 -		29 N
D +	6 -	13 +		28 N
C +	5 -	12 -	22 N	27 N
B +	4 +	11 +	21 N	26 -
A3 +	3 +	10 +	20 -	25 -
A2 +	2 +	9 +	19 -	24 -
A1 +	1 +	8 +	18 -	23 +

Figura 7.1. Resultados del ComFor de Alí

Christopher

Christopher tenía 25 años cuando realizó el ComFor. Vive en una institución para personas con discapacidad intelectual, en la sección para personas que presentan conductas problemáticas. Tiene discapacidad intelectual ligera, autismo y síndrome de Gilles de la Tourette. A menudo, Christopher no comprende lo que los demás esperan de él, y eso le provoca agitación intensa y agresividad. Las puntuaciones de Christopher en el ComFor se muestran en la figura 7.2.

Para la forma de comunicación aumentativa, llegamos a la misma conclusión con Chirstopher que con Alí: en cuanto al nivel de atribución de significado, Christopher obtuvo resultados significativamente mejores en el nivel de representación. Como obtuvo varios resultados positivos en la serie 5 y en la serie 4, reúne los prerrequisitos para la comunicación en el nivel de representación. Sin embargo, debido a sus graves conductas problemáticas, se eligió la comunicación aumentativa en el nivel de presentación (véase 7.2.4). Christopher empareja pictogramas en su destino, y de este modo tiene una mejor comprensión de sus propias acciones. No es necesario el encadenamiento hacia atrás.

PRESENTACIÓN						**REPRESENTACIÓN**			
Serie 1		**Serie 2**		**Serie 3**		**Serie 4**		**Serie 5**	
				17	N				
				16	-				
				15	-			30	-
		7	-	14	-			29	-
D	+	6	-	13	+			28	-
C	+	5	-	12	-	22	-	27	+
B	+	4	+	11	+	21	-	26	+
A3	+	3	+	10	+	20	-	25	+
A2	+	2	+	9	+	19	+	24	+
A1	+	1	+	8	+	18	+	23	+

Figura 7.2. Resultados del ComFor de Christopher

Liz

Liz tiene seis años. Tiene autismo y discapacidad intelectual grave. Vive en casa y asiste a un centro de día para niños con discapacidad intelectual. Presenta varias conductas problemáticas, especialmente autolesiones. Liz tiene una edad de desarrollo de 12 meses, según las escalas PEP-R y VABS. Los resultados del ComFor se ilustran en la figura 7.3.

PRESENTACIÓN			REPRESENTACIÓN	
Serie 1	**Serie 2**	**Serie 3**	**Serie 4**	**Serie 5**
		17 N		
		16 N		
		15 N		30 N
	7 N	14 N		29 N
D N	6 N	13 N		28 N
C N	5 N	12 N	22 N	27 N
B N	4 N	11 N	21 N	26 N
A3 -	3 N	10 N	20 N	25 N
A2 -	2 N	9 N	19 N	24 N
A1 -	1 -	8 N	18 N	23 N

Figura 7.3. Resultados del ComFor de Liz

En el caso de Liz, se recomienda la comunicación aumentativa en el nivel de sensación. Los resultados del ComFor nos proporcionan simplemente una idea aproximada, y es necesario llevar a cabo más evaluaciones. Las observaciones estructuradas revelan que para Liz son importantes los sentidos proximales. Percibe mejor la información a través del tacto y de los canales proprioceptivos y vestibulares. Con Liz es importante mantener una rutina diaria fija y escenarios de actividades constantes. Las actividades deben diferir lo máximo posible en cuanto a su localización (funcional) en el espacio y estar acompañadas de experiencias sensoriales. A la hora de comer, por ejemplo, Liz tiene su propio lugar y su propia silla en la mesa y siempre lleva un babero. Las actividades orientadas al desarrollo evolutivo se llevan a cabo en otra mesa y, en esas situaciones, Liz se sienta en una silla que se siente y percibe, literalmente, de forma completamente distinta. Para las actividades motoras, Liz acude al gimnasio y viste un jersey más pesado y zapatillas de gimnasia. Cuando ciertas experiencias sensoriales se repitan de forma regular se podrán convertir en reconocibles o familiares y, en un momento dado, adquirirán una función indicativa.

Thomas

Thomas tenía 18 años cuando se le evaluó con el ComFor. Tiene autismo y discapacidad intelectual leve. Cuando era más pequeño, acudía a un centro de día y más tarde acudió a un colegio para niños con discapacidad intelectual. En la actualidad, aún acude a ese colegio tres días por semana. Además, es aprendiz en el departamento de reprografía de la institución en la que vive. Habla continuamente; su comprensión y uso del lenguaje son marcadamente literales y asociativos. En la VABS obtuvo una edad de desarrollo global de 3 años. Sin embargo, su perfil de desarrollo es muy desigual, y sus puntuaciones están en un rango comprendido entre los dos y los seis años de edad. Los resultados del ComFor se muestran en la figura 7.4.

Para Thomas podemos ofrecer comunicación aumentativa en forma bidimensional. Se pueden usar fotografías, dibujos lineales y pictogramas. Sin embargo, las imágenes no deben tener fondos complejos (falló en los ítems 21 y 22). En principio, se pueden usar letras y números (éxito en los ítems 16 y 17), pero aparentemente aún no puede leer lo suficiente como para utilizar comunicación aumentativa a través del lenguaje escrito. Thomas puede claramente atribuir significados en el nivel de representación, y por lo tanto no es necesario emparejar imágenes.

PRESENTACIÓN			REPRESENTACIÓN	
Serie 1	Serie 2	Serie 3	Serie 4	Serie 5
		17 +		
		16 +		
		15 +		30 -
	7 +	14 +		29 +
D +	6 +	13 +		28 +
C +	5 +	12 +	22 -	27 +
B +	4 +	11 +	21 -	26 +
A3 +	3 +	10 +	20 +	25 +
A2 +	2 +	9 +	19 +	24 +
A1 +	1 +	8 +	18 +	23 +

Figura 7.4. Resultados del ComFor de Thomas

Henry

Henry tenía 32 años cuando realizó el ComFor. Tiene autismo y discapacidad intelectual grave. Debido a sus severas conductas problemáticas, vive en una unidad de cuidado muy intensivo para personas con discapacidad intelectual y conductas problemáticas. Henry vive una existencia solitaria. No tiene contacto con los otros residentes y habla y se comunica únicamente de forma verbal. En la VABS obtuvo una edad de desarrollo global de aproximadamente 21 meses. La comprensión verbal es significativamente inferior que la expresión verbal. Los resultados del ComFor se muestran en la figura 7.5.

La comunicación verbal ocurre a nivel de representación. A través de los resultados del ComFor, se puede concluir que Henry no es capaz de atribuir significados en el nivel de representación. Por lo tanto, la mera comunicación verbal es insuficiente. Incluso en el nivel de presentación los resultados son limitados. Es capaz de encajar objetos (completó todos los ítems de la serie 1 de forma satisfactoria). También obtuvo un resultado positivo en la serie 2 (ítem 1), pero este se debe considerar puntuación máxima. Al final, se decidió que a Henry se le enseñaría a encajar objetos en su destino. A través de la técnica de encadenamiento hacia atrás, la distancia entre la presentación del objeto y el encajado se iría incrementando de forma gradual. En las actividades que se le proponen a Henry se incluyen también estructuras de encajado.

PRESENTACIÓN			**REPRESENTACIÓN**	
Serie 1	**Serie 2**	**Serie 3**	**Serie 4**	**Serie 5**
		17 N		
		16 N		
		15 N		30 N
	7 N	14 N		29 N
D +	6 N	13 N		28 N
C +	5 N	12 N	22 N	27 N
B +	4 -	11 N	21 N	26 N
A3 +	3 -	10 -	20 -	25 -
A2 +	2 -	9 -	19 -	24 -
A1 +	1 +	8 -	18 -	23 -

Figura 7.5. Resultados del ComFor de Henry

Referencias

American Psychiatric Association (2013). *Diagnostic and Statistical Manual of Mental Disorders*. Fifth Edition. DSM-5. ISBN 978-0-89042-554-1

Bates, E., Benigni, L., Bretherton, I., Camaioni, L., y Volterra, V.:. *The emergence of symbols: Cognition and communication in infancy.* Nueva York: Academic Press, 1979.

Carmines, E.G., y Zeller, R.A.: *Reliability and validity assessment*. En M.S. Lewis-Beck (editores), Basic measurement. Londres: Sage, pp. 1-59, 1994.

Drenth, P.J.D., y Sijtsma, K.: Testtheorie. *Inleiding in de theorie van de psychologische test en zijn toepassingen.* Houten: Bohn Stafleu Van Loghum, 1990.

Evers, A., van Vliet-Mulder, J.C., y Groot, C.J.: *Documentatie van tests en testresearch in Nederland.* Deel II. Testresearch. Assen: Van Gorcum, 2000.

Frith, U.: *Autismo: hacia una explicación del enigma Madrid:* Alianza Editorial, ediciones 1989 y 2002 (edición en castellano, 2004).

Goldstein, E.B.: *Sensación y percepción.* Madrid: Paraninfo, 2009 (edición en castellano).

Happé, F.: *Understanding assets and deficits in autism: Why success is more interesting than failure.* The Psychologist, 12, 540-546, 1999.

Happé, F.: *Parts and wholes, meaning and minds: Central coherence and its relation to theory of mind.* En S. Baron-Cohen, H. Tager-Flusberg, y D.J. Cohen (editores), *Understanding other minds. Perspectives from developmental cognitive neuroscience* (2° ed.). Oxford (NY): Oxford University Press, pp. 203-221, 2000.

Howlin, P.: *Children with autism and Asperger syndrome. A guide for practitioners and carers.* Chichester: Wiley, 1999.

Kraijer, D.: *Autism and autistic-like conditions in mental retardation.* Lisse: Swets y Zeitlinger, 1997.

Kraijer, D.W.: *Review of adaptive behavior studies in mentally retarded persons with autism/pervasive developmental disorders.* Journal of Autism and Developmental Disorders, 30, 39-47, 2000.

Kraijer, D., y Plas, J. (2002). *Handboek psychodiagnostiek en verstandelijke beperking* . Lisse: Swets y Zeitlinger, 2002.

Levine, M.W.: *Fundamentals of sensation and perception* (3ª ed.). Nueva York: Oxford University Press, 2000.

Light, J.C., Roberts, B., Dimarco, R., y Greiner, N.: *Augmentative and alternative communication to support receptive and expressive communication for people with autism.* Journal of Communication Disorders, 31, 153-180, 1998.

Lloyd, L.L., y Blischak, D.M.: *AAC terminology policy and issues update. Augmentative and Alternative Communication, 8,* 104-109, 1992.

Lord, C., y Paul, R.: *Language and communication in autism.* En D.J. Cohen y F.R. Volkmar (editores), *Handbook of autism and pervasive developmental disorders* (2ª ed.). New York: Wiley, pp. 195-225, 1997.

Marcus, L., Schopler, E., y Lord, C. (2001). *TEACCH services for preschool children.* En J.S. Handleman y S.L. Harris (editores), *Preschool education programs for children with autism*. Austin: Pro-Ed, pp. 215-232, 2001.

Mirenda, P., y Erickson, K.A.: Augmentative communication and literacy. En A.M. Wetherby y B.M. Prizant (editores), *Autism spectrum disorders. A transactional perspective. Communication and language intervention series, Volume 9*. Baltimore: Brookes, pp. 333-367, 2000.

Noens, I.L.J., y Van Berckelaer-Onnes, I.A.: *Communicatie bij mensen met autisme en een verstandelijke beperking: Van inzicht naar interventie.* Nederlands Tijdschrift voor de Zorg aan Verstandelijk Gehandicapten, 4, 212-225, 2002a.

Noens, I.L.J., y Van Berckelaer-Onnes, I.A.: *In OTHER words; Augmentative communication for children with autism and learning disability.* Video y folleto. Leiden: Universidad de Leiden, 2002b.

Noens, I.L.J., y Van Berckelaer-Onnes, I.A.: *Making sense in a fragmentary world. Communication in people with autism and learning disability*. Autism, 8, 197-218, 2004.

Noens, I.L.J., y Van Berckelaer-Onnes, I.A.: *Captured by details. Sense-making, language and communication in autism.* Journal of Communication Disorders, 38, 123-141, 2005.

Noens, I.L.J., y Van Berckelaer-Onnes, I.A.: *The central coherence account on autism revisited: Evidence from the ComFor study.* Research in Autism Spectrum Disorders 2, 209-222, 2008.

Noens, I.L.J., Van Berckelaer-Onnes, I.A., y Verpoorten, R.: *Kan ComFor leemte vullen? Indicatiestelling van ondersteunende communicatie bij mensen met een autistische spectrumstoornis*. Logopedie en Foniatrie, 72, 244-247, 2000.

Noens, I.L.J., Van Berckelaer-Onnes, I., Verpoorten, R., y Van Duijn, G.: *The ComFor: An instrument for the indication of augmentative communication.* Journal of Intellectual Disability Research, en impresión.

Nunnally, J.C., y Bernstein, I.H.: *Psychometric theory* (3ª ed.). Nueva York: McGraw-Hill, 1994.

Piaget, J.: *El origen de la inteligencia en el niño.* Barcelona: Ed. Crítica, 2003 (edición en castellano).

Scholte , E.M., Van Duijn, G., Dijkxhoorn, Y.M., Noens, I.L.J. y Van Berckelaer-Onnes, I.A.: *Handleiding Vineland Screener 0-6* (Manual Vineland Screener 0-6) Leiden: PITS, 2008.

Schopler, E.: *Implementation of TEACCH philosophy*. En D.J. Cohen y F.R. Volkmar (editores), *Handbook of autism and pervasive developmental disorders*. Nueva York: Wiley, pp. 767-795, 1997.

Schopler, E., Mesibov, G.B., y Hearsey, K.: *Structured teaching in the TEACCH system*. En E. Schopler y G.B. Mesibov (editores), *Learning and cognition in autism*. Nueva York: Plenum, pp. 243-268, 1995.

Schopler, E., Reichler, R.J., Bashford, A., Lansing, M.D., y Marcus, L.M.: *Individualized assessment for autistic and developmentally disabled children. Volume I. Psychoeducational Profile Revised (PEP-R).* Austin: Pro-Ed, 1990.

Sparrow, S.S., Balla, D., y Cicchetti, D.: *The Vineland Adaptive Behavior Scales: Interview edition, expanded form.* Circle Pines: American Guidance Service, 1984.

Sparrow, S.S., Carter, A.S., y Cicchetti, D.: *Vineland Screener. Overview, reliability, validity, administration and scoring.* New Haven: Universidad de Yale, sin fecha, no publicado.

Tellegen, P.J., Winkel, M., y Wijnberg-Williams, B.J.: *Snijders-Oomen Niet-verbale intelligentietest-Revisie SON-R 2½-7*[Test de inteligencia no verbal Snijders-Oomen, revisado]. Lisse: Swets y Zeitlinger, 1996.

Travis, L.L., y Sigman, M.: *Communicative intentions and symbols in autism: examining a case of altered development.* En J.A. Burack, T. Charman, N. Yirmiya y P.R. Zelazo (editores), *The development of autism. Perspectives from theory and research.* Mahwah: Erlbaum, pp. 279-308, 2001.

Van Berckelaer-Onnes, I.A.: *Autistisch en verstandelijk gehandicapt: Dubbel gehandicapt.* Nederlands Tijdschrift voor de Zorg aan Verstandelijk Gehandicapten, 22, 79-90, 1996.

Van Berckelaer-Onnes, I.A.: *Communicatie en autisme.* Logopedie, 10 (3), 29-39, 1997.

Van Berckelaer-Onnes, I.A. y Hoekman, J.: *AUTI-R-schaal. Handleiding en verantwoording*. Lisse: Swets y Zeitlinger, 1991.

Verpoorten, R.A.W.: *Communicatie met verstandelijk gehandicapte autisten: Een multidimensioneel communicatiemodel.* Nederlands Tijdschrift voor Zorg aan Verstandelijk Gehandicapten, 22, 106-120, 1996.

Werner, H. y Kaplan, B.: *Symbol formation: An organismic-developmental approach to language and the expression of thought.* Nueva York: Wiley, 1963.

Wetherby, A.M., Prizant, B.M., y Schuler, A.L.: *Understanding the nature of communication and language impairments.* En A.M. Wetherby y B.M. Prizant (editores), *Autism spectrum disorders. A transactional perspective. Communication and language intervention series, Volume 9.* Baltimore: Brookes, pp. 109-141, 2000.

Willems, J.B.H.G.: *Kijk op communicatie: Constructie van een meetinstrument voor communicatie van mensen met een verstandelijke handicap.* Tilburg: Dissertatie Katholieke Universiteit Brabant, 1996.

Willems, J., y Verpoorten, R.: *CommunicatieProfiel-Z. Handleiding.* Lisse: Swets y Zeitlinger, 1996.

Wing, L.: *Diagnostic Interview for Social and Communication Disorders* (10ª ed.). Bromley: National Autistic Society, 1996.

Wing, L.: *La educación del niño autista: guía para padres y educadores.* Barcelona: Paidós, 1985 (edición en castellano).

Apéndices

Apéndice 1. Fiabilidad entre evaluadores a nivel de ítem

Apéndice 2. Curso de las puntuaciones de las submuestras clínicas

Apéndice 3. Intercorrelaciones de las puntuaciones totales, por niveles y por series

Apéndice 4. Materiales del test

Apéndice 5 y 6. Hoja de puntuaciones

Apéndice 1. Fiabilidad entre evaluadores a nivel de ítem

	κ de Cohen (*n* = 171)
Ítem A1	*1,00*
Ítem A2	*1,00*
Ítem A3	*0,80*
Ítem B	*1,00*
Ítem C	*0,91*
Ítem D	*0,95*
Ítem 1	*0,98*
Ítem 2	*0,98*
Ítem 3	*0,98*
Ítem 4	*0,95*
Ítem 5	*0,96*
Ítem 6	*0,97*
Ítem 7	*0,95*
Ítem 8	*0,97*
Ítem 9	*0,98*
Ítem 10	*0,95*
Ítem 11	*0,98*
Ítem 12	*0,95*
Ítem 13	*0,96*
Ítem 14	*0,97*
Ítem 15	*0,97*
Ítem 16	*0,95*
Ítem 17	*0,99*
Ítem 18	*0,96*
Ítem 19	*0,94*
Ítem 20	*0,94*
Ítem 21	*0,96*
Ítem 22	*0,95*
Ítem 23	*0,91*
Ítem 24	*0,95*
Ítem 25	*0,94*
Ítem 26	*0,92*
Ítem 27	*0,93*
Ítem 28	*0,94*
Ítem 29	*0,96*
Ítem 30	*0,95*

Apéndice 2. Curso de las puntuaciones de las submuestras clínicas

La siguiente tabla no es aplicable a las submuestras emparejadas (véase 4.2), lo que significa que los grupos no se pueden comparar entre ellos. Sin embargo, es posible analizar el curso de las puntuaciones dentro de cada uno de los grupos. Se ofrece una lista del porcentaje del grupo que obtuvo un resultado positivo para cada ítem.

	Con autismo (n = 310)	Sin autismo (n = 174)
Ítem A1	*98,1*	*99,4*
Ítem A2	*96,8*	*98,9*
Ítem A3	*96,1*	*97,1*
Ítem B	*92,9*	*93,1*
Ítem C	*87,7*	*87,9*
Ítem D	*83,9*	*88,5*
Ítem 1	*74,8*	*81,0*
Ítem 2	*71,6*	*67,2*
Ítem 3	*67,4*	*68,4*
Ítem 4	*66,5*	*63,2*
Ítem 5	*56,8*	*43,1*
Ítem 6	*53,9*	*39,7*
Ítem 7	*44,2*	*33,9*
Ítem 8	*62,9*	*62,6*
Ítem 9	*57,4*	*51,1*
Ítem 10	*57,7*	*52,3*
Ítem 11	*49,7*	*48,3*
Ítem 12	*46,1*	*37,4*
Ítem 13	*49,4*	*29,3*
Ítem 14	*36,8*	*27,6*
Ítem 15	*30,0*	*20,1*
Ítem 16	*31,3*	*16,7*
Ítem 17	*20,0*	*6,9*
Ítem 18	*40,3*	*32,8*
Ítem 19	*42,3*	*26,4*
Ítem 20	*34,5*	*31,0*
Ítem 21	*27,7*	*18,4*
Ítem 22	*14,2*	*7,5*
Ítem 23	*53,5*	*55,2*
Ítem 24	*50,6*	*54,6*
Ítem 25	*48,7*	*51,7*
Ítem 26	*42,3*	*43,1*
Ítem 27	*40,0*	*43,1*
Ítem 28	*37,7*	*37,4*
Ítem 29	*16,5*	*12,6*
Ítem 30	*11,9*	*5,2*

Apéndice 3. Intercorrelaciones de las puntuaciones totales, por niveles y por series

Niños y adultos con autismo y discapacidad intelectual (n=310)

Intercorrelaciones (r de Pearson) entre las puntuaciones totales y de serie

	Total	Serie 1	Serie 2	Serie 3	Serie 4	Serie 5
Total	-					
Serie 1	0,53	-				
Serie 2	0,89	0,55	-			
Serie 3	0,96	0,41	0,81	-		
Serie 4	0,88	0,32	0,68	0,82	-	
Serie 5	0,92	0,39	0,72	0,85	0,85	-

Todas las correlaciones son significativas (p<0,001)

Intercorrelaciones (r de Pearson) entre las puntuaciones totales y por niveles

	Total	Presentación	Representación
Total	-		
Presentación	0,97	-	
Representación	0,94	0,83	-

Todas las correlaciones son significativas (p<0,001)

Niños y adultos con discapacidad intelectual pero sin autismo (n=174)

Intercorrelaciones (r de Pearson) entre las puntuaciones totales y de serie

	Total	Serie 1	Serie 2	Serie 3	Serie 4	Serie 5
Total	-					
Serie 1	0,51	-				
Serie 2	0,91	0,50	-			
Serie 3	0,95	0,38	0,81	-		
Serie 4	0,84	0,27	0,66	0,80	-	
Serie 5	0,93	0,40	0,80	0,84	0,76	-

Todas las correlaciones son significativas (p<0,001)

Intercorrelaciones (r de Pearson) entre las puntuaciones totales y por niveles

	Total	Presentación	Representación
Total	-		
Presentación	0,98	-	
Representación	0,95	0,87	-

Todas las correlaciones son significativas (p<0,001)

Niños con desarrollo evolutivo típico (n = 139):

Intercorrelaciones (r de Pearson) entre las puntuaciones totales y de serie

	Total	Serie 1	Serie 2	Serie 3	Serie 4	Serie 5
Total	-					
Serie 1	0,42	-				
Serie 2	0,90	0,45	-			
Serie 3	0,95	0,33	0,82	-		
Serie 4	0,84	0,22	0,66	0,75	-	
Serie 5	0,93	0,31	0,77	0,84	0,78	-

Todas las correlaciones son significativas (p<0,001)

Intercorrelaciones (r de Pearson) entre las puntuaciones totales y por niveles

	Total	Presentación	Representación
Total	-		
Presentación	0,97	-	
Representación	0,95	0,85	-

Todas las correlaciones son significativas (p<0,001)

Apéndice 4. Materiales del test

General

3 bandejas
1 cesta

Serie 1

5 bolitas de goma grandes en un recipiente cerrado con una tapa con abertura circular
5 bloques de madera en un recipiente cerrado con una tapa con abertura cuadrada
5 aros de plástico en un recipiente cerrado con una tapa con abertura ovalada

Serie 2

5 peines
5 cucharas (también para la serie 1)
5 cepillos de dientes
5 fichas negras
5 tornillos
5 palitos
5 cucharas
5 cuchillos
5 tenedores
5 fichas azules
5 fichas amarillas
5 fichas rojas
5 círculos pequeños
5 círculos grandes
5 óvalos
5 cubos
5 bloques gruesos
5 bloques planos
5 cucharas de postre
5 cucharillas de café
5 cucharas soperas

Serie 3

4 fotografías en color de un peine
4 fotografías en color de una cuchara
4 fotografías en color de un cepillo de dientes
4 dibujos lineales de un peine
4 dibujos lineales de una cuchara
4 dibujos lineales de un cepillo de dientes
4 pictogramas de un peine
4 pictogramas de una cuchara
4 pictogramas de un cepillo de dientes
4 fotografías en blanco y negro de una persona A peinándose
4 fotografías en blanco y negro de una persona B comiendo
4 fotografías en blanco y negro de una persona C cepillándose los dientes
4 pictogramas de «leyendo»
4 pictogramas de «escribiendo»
4 pictogramas de «bebiendo»
4 tarjetas con la letra E
4 tarjetas con la letra F
4 tarjetas con la letra L
4 fotografías en blanco y negro de «leyendo»
4 fotografías en blanco y negro de «escribiendo»
4 fotografías en blanco y negro de «bebiendo»
4 dibujos lineales de «peinándose»
4 dibujos lineales de «comiendo»
4 dibujos lineales de «cepillándose los dientes»
4 tarjetas con el número 25
4 tarjetas con el número 26
4 tarjetas con el número 29
4 tarjetas con la palabra bañera
4 tarjetas con la palabra cama
4 tarjetas con la palabra peine

Serie 4

4 pelotas diferentes, incluyendo una pelota de tenis
4 muñecas diferentes, incluyendo una con pelo
4 coches diferentes, incluyendo uno rojo

4 juegos de cubertería diferentes (cuchillo, tenedor, cuchara)
cepillo de dientes
pasta de dientes
lápiz
libreta
tenedor
plato
imagen en color de una mujer
3 imágenes en color de una mujer en diferentes situaciones
imagen en color de una pelota
3 imágenes en color de una pelota en diferentes situaciones
imagen en color de un coche
3 imágenes en color de un coche en diferentes situaciones
imagen en color de un peine
3 imágenes en color de un peine en diferentes situaciones
imagen en color de un cepillo de dientes
3 imágenes en color de un cepillo de dientes en diferentes situaciones
imagen en color de una cuchara
3 imágenes en color de una cuchara en diferentes situaciones

Serie 5
vaso
bolígrafo
peine
cuchara
tijeras
botella de plástico
fotografía en color de un vaso idéntico
fotografía en color de un bolígrafo idéntico
fotografía en color de un peine idéntico
fotografía en color de una cuchara diferente
fotografía en color de unas tijeras diferentes
fotografía en color de una botella de plástico diferente
pictograma de una botella
pictograma de unas tijeras
pictograma de una cuchara

pictograma de «comiendo»
pictograma de «cortando»
pictograma de «vertiendo una bebida»
fotografía en color de «peinándose»
fotografía en color de «escribiendo»
fotografía en color de «bebiendo»
fotografía en color de «peinándose» sobre un fondo complejo
fotografía en color de «escribiendo» sobre un fondo complejo
fotografía en color de «bebiendo» sobre un fondo complejo
fotografía en color de una cama
tarjeta con la palabra cama
fotografía en color de una bañera
tarjeta con la palabra bañera
fotografía en color de un peine
tarjeta con la palabra peine
fotografía en color de «leyendo»
tarjeta con la palabra «leyendo»
fotografía en color de «escribiendo»
tarjeta con la palabra «escribiendo»
fotografía en color de «bebiendo»
tarjeta con la palabra «bebiendo»

Apéndice 5. Hoja de puntuaciones

ComFor
Precursores de la Comunicación

Nombre: ....

Sexo:
(1) masculino
(2) femenino

Fecha de nacimiento: ...-....-...

Fecha de administración : ...-...-...

Edad cronológica: .... a .... m .... d

Residencia:
(1) hogar familiar
(2) centro residencial: ....

Centro educativo:
(1) colegio: ....
(2) centro de día: ....

Examinador: ....

Discapacidad intelectual:
(1) ninguna
(2) leve
(3) moderada
(4) severa
(5) profunda
(6) desconocido

Diagnóstico:
(1) trastorno del espectro del autismo
(2) TGD-NE
(3) discapacidad auditiva
(4) discapacidad visual
(5) discapacidad física
(6) trastorno del lenguaje/ comunicación
(7) TDAH
(8) otro: ....

Nivel de desarrollo/ CI.: ....
(1) Estimado
(2) Medido con ....
en la fecha: ......-......-............

Resultados de otros tests/escalas con fecha de administración:

....-......-......
....-......-......
....-......-......
....-......-......

Anotaciones: ....
....
....
....

Hoja de puntuaciones

PRESENTACIÓN			REPRESENTACIÓN	
Serie 1	Serie 2	Serie 3	Serie 4	Serie 5
		17		
		16		
		15		30
	7	14		29
D	6	13		28
C	5	12	22	27
B	4	11	21	26
A3	3	10	20	25
A2	2	9	19	24
A1	1	8	18	23

Compruebe que todas las casillas se han marcado. (+ = éxito, - = fracaso, N = no administrado)

Administración

Procedimiento seguido: (1) los materiales se ofrecieron uno a uno
(2) la persona evaluada cogió los materiales de la cesta
(3) combinación ....

....

Duración de la administración del test: ....
Anotaciones...
....
....
....

Apéndice 6

NIVEL I: PRESENTACIÓN				
Serie 1 Ensamblaje de objetos				
Ítem	Materiales	Procedimiento	Puntuación	Observaciones
A1	5 bolitas	*Examinador*: bolita 1 *Juntos: bolita 2* *Persona evaluada: bolitas 3, 4 y 5*	+ / - **N**	
A2	5 bloques	Véase A1	+ / - **N**	
A3	5 aros	Véase A1	+ / - **N**	
B	5 aros 5 bolitas	*Examinador: a-b* *Juntos: a-b* *Persona evaluada: b-a-a-b-a-b*	+ / - **N**	
C	5 bloques 5 bolitas 5 aros	*Examinador: bl-bo-a* *Juntos: bl-bo-a* *Persona evaluada: bo-a-bl-bl-bo-a-a-bl-bo*	+ / - **N**	

D	5 bloques 5 cucharas 5 bolitas	**c en una bandeja abierta** *Examinador: bl-c-bo* *Juntos: bl-c-bo* *Persona evaluada: c-bo-bl-bl-c-bo-bo-bl-c*	+ / - **N**	

Serie 2
Clasificación de objetos

Ítem	Materiales	Procedimiento	Puntuación	Observaciones
1	5 peines 5 cucharas 5 cepillos de dientes	*Examinador: p-cu-ce* *Juntos: p-cu-ce* *Persona evaluada: cu-p-ce-ce-p-cu-p-ce-cu*	+ / - **N**	
2	5 fichas 5 tornillos 5 palitos	*Examinador: f-t-p* *Juntos: f-t-p* *Persona evaluada: p-f-t-f-p-t-t-p-f*	+ / - **N**	
3	5 cucharas 5 cuchillos 5 tenedor	*Examinador: cucha-cuchi-t* *Juntos: cucha-cuchi-t* *Persona evaluada: t-cuchi-cucha-cuchi-t-cucha-cucha-t-cuchi*	+ / - **N**	

4	5 fichas azules 5 fichas amarillas 5 fichas rojas	*Examinador: az-am-r* *Juntos: az-am-r* *Persona evaluada: az-r-am-r-az-am-r-am-az*	**+ / -** **N**	
5	5 círculos pequeños 5 círculos grandes 5 óvalos	*Examinador: p-g-o* *Juntos: p-g-o* *Persona evaluada: g-o-p-p-g-o-o-g-p*	**+ / -** **N**	
6	5 cubos 5 bloques gruesos 5 bloques planos	*Examinador: c-g-p* *Juntos: c-g-p* *Persona evaluada: g-c-p-c-g-p-p-c-g*	**+ / -** **N**	
7	5 cucharas de postre 5 cucharillas de café 5 cucharas soperas	*Examinador: p-c-s* *Juntos: p-c-s* *Persona evaluada: s-c-p-p-s-c-s-p-c*	**+ / -** **N**	

Serie 3 Clasificación de imágenes			
Ítem	Materiales	Puntuación	Observaciones
8	Fotografías en color: peine, cuchara, cepillo de dientes	+ / - N	
9	Dibujos lineales: peine, cuchara, cepillo de dientes	+ / - N	
10	Pictogramas: peine, cuchara, cepillo de dientes	+ / - N	
11	Fotografías en blanco y negro: peinándose, comiendo, cepillándose los dientes	+ / - N	
12	Pictogramas: leyendo, escribiendo, bebiendo	+ / - N	
13	Letras: E, F, L	+ / - N	
14	Fotografías en blanco y negro: leyendo, escribiendo, bebiendo	+ / - N	

15	Dibujos lineales: peinándose, comiendo, cepillándose los dientes	+ / - **N**	
16	Números: 25, 26, 29	+ / - **N**	
17	Palabras: bañera, cama, peine	+ / - **N**	

NIVEL II: REPRESENTACIÓN

Serie 4
Clasificación con la misma forma

Ítem	Materiales	Procedimiento	Puntuación	Observaciones
18	4 pelotas 4 muñecas 4 coches	*Examinador:* *pelota de tenis* *muñeca con pelo* *coche rojo* *Persona evaluada:* *m-c-p-c-p-m-m-c-p*	+ / - **N**	

19	4 cucharas 4 cuchillos 4 tenedores	*Examinador: cucha-cuchi-t* *De la misma cubertería, no blancos* *Persona evaluada: cucha-t-cuchi-cuchi-cucha-t-t-cucha-cuchi*	**+ / -** **N**	
20	cepillo de dientes, pasta de dientes, lápiz, libreta, tenedor, plato	*Examinador: c-la-t* *Persona evaluada: pl-p-l*	**+ / -** **N**	
21	Fotografías en color: mujer, pelota, coche		**+ / -** **N**	
22	Fotografías en color: peine, cepillo de dientes, cuchara		**+ / -** **N**	

Serie 5 Clasificación de formas diferentes				
Ítem	Materiales	Procedimiento	Puntuación	Observaciones
23	bolígrafo, peine, vaso y fotografías idénticas	*Examinador: tarjetas abc* *Persona evaluada: b-p-v*	+ / - N	
24	tijeras, botella, cuchara y fotografías diferentes	*Examinador: t-b-c* *Persona evaluada: tarjetas 123*	+ / - N	
25	cuchara, botella, tijeras y pictogramas	*Examinador: tarjetas abc* *Persona evaluada: c-b-t*	+ / - N	
26	tijeras, cuchara, botella y pictogramas de la acción	*Examinador: t-c-b* *Persona evaluada: tarjetas 123*	+ / - N	
27	vaso, bolígrafo, peine y fotografías de la acción en contexto neutral	*Examinador: tarjetas abc* *Persona evaluada: v-b-p*	+ / - N	

28	bolígrafo, vaso, peine y fotografías de la acción en contextos complejos	*Examinador: b-v-p* *Persona evaluada: tarjetas 123*	+ / - *N*	
29	Fotografías y palabras: cama, bañera, peine	*Examinador: tarjetas abc* *Persona evaluada: tarjetas 123*	+ / - *N*	
30	Fotografías y palabras: leyendo, escribiendo, bebiendo	*Examinador: tarjetas abc* *Persona evaluada: tarjetas 123*	+ / - **N**	

Conclusiones y recomendaciones

Distribuidor del maletín de materiales de evaluación, del manual y de las hojas de puntuaciones:

AUTISMO ÁVILA
C/ Agustín Rodríguez Sahagún, 30
05003 AVILA
informate@autismoavila.org
www.autismoavila.org
Teléfono: (+34) 920 22 26 26

ComFor
Precursores de la Comunicación

Nombre: ....

Sexo:
(1) masculino
(2) femenino

Fecha de nacimiento: ...-....-...

Fecha de administración : ...-...-...

Edad cronológica: .... a .... m .... d

Residencia:
(1) hogar familiar
(2) centro residencial: ....

Centro educativo:
(1) colegio: ....
(2) centro de día: ....

Examinador: ....

Discapacidad intelectual:
(1) ninguna
(2) leve
(3) moderada
(4) severa
(5) profunda
(6) desconocido

Diagnóstico:
(1) trastorno del espectro del autismo
(2) TGD-NE
(3) discapacidad auditiva
(4) discapacidad visual
(5) discapacidad física
(6) trastorno del lenguaje/ comunicación
(7) TDAH
(8) otro: ....

Nivel de desarrollo/ CI.: ....
(1) Estimado
(2) Medido con ....
en la fecha: ......-......-............

Resultados de otros tests/escalas con fecha de administración:

....-......-......
....-......-......
....-......-......
....-......-......

Anotaciones: ....
....
....
....

Hoja de puntuaciones

PRESENTACIÓN			REPRESENTACIÓN	
Serie 1	Serie 2	Serie 3	Serie 4	Serie 5
		17		
		16		
		15		30
	7	14		29
D	6	13		28
C	5	12	22	27
B	4	11	21	26
A3	3	10	20	25
A2	2	9	19	24
A1	1	8	18	23

Compruebe que todas las casillas se han marcado. (+ = éxito, - = fracaso, N = no administrado)

Administración

Procedimiento seguido: (1) los materiales se ofrecieron uno a uno
(2) la persona evaluada cogió los materiales de la cesta
(3) combinación ....

....

Duración de la administración del test: ....
Anotaciones... ....
....
....
....

NIVEL I: PRESENTACIÓN

Serie 1
Ensamblaje de objetos

Ítem	Materiales	Procedimiento	Puntuación	Observaciones
A1	5 bolitas	*Examinador*: bolita 1 *Juntos: bolita 2* *Persona evaluada: bolitas 3, 4 y 5*	+ / - **N**	
A2	5 bloques	Véase A1	+ / - **N**	
A3	5 aros	Véase A1	+ / - **N**	
B	5 aros 5 bolitas	*Examinador: a-b* *Juntos: a-b* *Persona evaluada: b-a-a-b-a-b*	+ / - **N**	
C	5 bloques 5 bolitas 5 aros	*Examinador: bl-bo-a* *Juntos: bl-bo-a* *Persona evaluada: bo-a-bl-bl-bo-a-a-bl-bo*	+ / - **N**	

D	5 bloques 5 cucharas 5 bolitas	**c en una bandeja abierta** *Examinador: bl-c-bo* *Juntos: bl-c-bo* *Persona evaluada: c-bo-bl-bl-c-bo-bo-bl-c*	+ / - **N**	

Serie 2
Clasificación de objetos

Ítem	Materiales	Procedimiento	Puntuación	Observaciones
1	5 peines 5 cucharas 5 cepillos de dientes	*Examinador: p-cu-ce* *Juntos: p-cu-ce* *Persona evaluada: cu-p-ce-ce-p-cu-p-ce-cu*	+ / - **N**	
2	5 fichas 5 tornillos 5 palitos	*Examinador: f-t-p* *Juntos: f-t-p* *Persona evaluada: p-f-t-f-p-t-t-p-f*	+ / - **N**	
3	5 cucharas 5 cuchillos 5 tenedor	*Examinador: cucha-cuchi-t* *Juntos: cucha-cuchi-t* *Persona evaluada: t-cuchi-cucha-cuchi-t-cucha-cucha-t-cuchi*	+ / - **N**	

4	5 fichas azules 5 fichas amarillas 5 fichas rojas	*Examinador: az-am-r* *Juntos: az-am-r* *Persona evaluada: az-r-am-r-az-am-r-am-az*	+ / - **N**	
5	5 círculos pequeños 5 círculos grandes 5 óvalos	*Examinador: p-g-o* *Juntos: p-g-o* *Persona evaluada: g-o-p-p-g-o-o-g-p*	+ / - **N**	
6	5 cubos 5 bloques gruesos 5 bloques planos	*Examinador: c-g-p* *Juntos: c-g-p* *Persona evaluada: g-c-p-c-g-p-p-c-g*	+ / - **N**	
7	5 cucharas de postre 5 cucharillas de café 5 cucharas soperas	*Examinador: p-c-s* *Juntos: p-c-s* *Persona evaluada: s-c-p-p-s-c-s-p-c*	+ / - **N**	

Serie 3
Clasificación de imágenes

Ítem	Materiales	Puntuación	Cbservaciones
8	Fotografías en color: peine, cuchara, cepillo de dientes	+ / - **N**	
9	Dibujos lineales: peine, cuchara, cepillo de dientes	+ / - **N**	
10	Pictogramas: peine, cuchara, cepillo de dientes	+ / - **N**	
11	Fotografías en blanco y negro: peinándose, comiendo, cepillándose los dientes	+ / - **N**	
12	Pictogramas: leyendo, escribiendo, bebiendo	+ / - **N**	
13	Letras: E, F, L	+ / - **N**	
14	Fotografías en blanco y negro: leyendo, escribiendo, bebiendo	+ / - **N**	

15	Dibujos lineales: peinándose, comiendo, cepillándose los dientes	+ / - **N**	
16	Números: 25, 26, 29	+ / - **N**	
17	Palabras: bañera, cama, peine	+ / - **N**	

NIVEL II: REPRESENTACIÓN

Serie 4
Clasificación con la misma forma

Ítem	Materiales	Procedimiento	Puntuación	Observaciones
18	4 pelotas 4 muñecas 4 coches	*Examinador:* *pelota de tenis* *muñeca con pelo* *coche rojo* *Persona evaluada:* *m-c-p-c-p-m-m-c-p*	+ / - **N**	

19	4 cucharas 4 cuchillos 4 tenedores	*Examinador: cucha-cuchi-t* *De la misma cubertería, no blancos* *Persona evaluada: cucha-t-cuchi-cuchi-cucha-t-t-cucha-cuchi*	+ / - N	
20	cepillo de dientes, pasta de dientes, lápiz, libreta, tenedor, plato	*Examinador: c-la-t* *Persona evaluada: pl-p-l*	+ / - N	
21	Fotografías en color: mujer, pelota, coche		+ / - N	
22	Fotografías en color: peine, cepillo de dientes, cuchara		+ / - N	

Serie 5
Clasificación de formas diferentes

Ítem	Materiales	Procedimiento	Puntuación	Observaciones
23	bolígrafo, peine, vaso y fotografías idénticas	*Examinador: tarjetas abc* *Persona evaluada: b-p-v*	+ / - N	
24	tijeras, botella, cuchara y fotografías diferentes	*Examinador: t-b-c* *Persona evaluada: tarjetas 123*	+ / - N	
25	cuchara, botella, tijeras y pictogramas	*Examinador: tarjetas abc* *Persona evaluada: c-b-t*	+ / - N	
26	tijeras, cuchara, botella y pictogramas de la acción	*Examinador: t-c-b* *Persona evaluada: tarjetas 123*	+ / - N	
27	vaso, bolígrafo, peine y fotografías de la acción en contexto neutral	*Examinador: tarjetas abc* *Persona evaluada: v-b-p*	+ / - N	

28	bolígrafo, vaso, peine y fotografías de la acción en contextos complejos	*Examinador: b-v-p* *Persona evaluada: tarjetas 123*	+ / - *N*	
29	Fotografías y palabras: cama, bañera, peine	*Examinador: tarjetas abc* *Persona evaluada: tarjetas 123*	+ / - *N*	
30	Fotografías y palabras: leyendo, escribiendo, bebiendo	*Examinador: tarjetas abc* *Persona evaluada: tarjetas 123*	+ / - **N**	

Conclusiones y recomendaciones

ComFor
Precursores de la Comunicación

Nombre: ....

Sexo:
- (1) masculino
- (2) femenino

Fecha de nacimiento: ...-....-...

Fecha de administración : ...-...-...

Edad cronológica: .... a .... m .... d

Residencia:
- (1) hogar familiar
- (2) centro residencial: ....

Centro educativo:
- (1) colegio: ....
- (2) centro de día: ....

Examinador: ....

Discapacidad intelectual:
- (1) ninguna
- (2) leve
- (3) moderada
- (4) severa
- (5) profunda
- (6) desconocido

Diagnóstico:
- (1) trastorno del espectro del autismo
- (2) TGD-NE
- (3) discapacidad auditiva
- (4) discapacidad visual
- (5) discapacidad física
- (6) trastorno del lenguaje/ comunicación
- (7) TDAH
- (8) otro: ....

Nivel de desarrollo/ CI.: ....
- (1) Estimado
- (2) Medido con ....
  en la fecha: ......-..... -.............

Resultados de otros tests/escalas con fecha de administración:

....-......-......
....-......-......
....-......-......
....-......-......

Anotaciones: ....

....

....

....

Hoja de puntuaciones

PRESENTACIÓN			REPRESENTACIÓN	
Serie 1	Serie 2	Serie 3	Serie 4	Serie 5
		17		
		16		
		15		30
	7	14		29
D	6	13		28
C	5	12	22	27
B	4	11	21	26
A3	3	10	20	25
A2	2	9	19	24
A1	1	8	18	23

Compruebe que todas las casillas se han marcado. (+ = éxito, - = fracaso, N = no administrado)

Administración

Procedimiento seguido: (1) los materiales se ofrecieron uno a uno
(2) la persona evaluada cogió los materiales de la cesta
(3) combinación ....

....

Duración de la administración del test: ....
Anotaciones...
....
....
....

NIVEL I: PRESENTACIÓN				
Serie 1 Ensamblaje de objetos				
Ítem	Materiales	Procedimiento	Puntuación	Observaciones
A1	5 bolitas	*Examinador*: bolita 1 *Juntos: bolita 2* *Persona evaluada: bolitas 3, 4 y 5*	+ / - **N**	
A2	5 bloques	Véase A1	+ / - **N**	
A3	5 aros	Véase A1	+ / - **N**	
B	5 aros 5 bolitas	*Examinador: a-b* *Juntos: a-b* *Persona evaluada: b-a-a-b-a-b*	+ / - **N**	
C	5 bloques 5 bolitas 5 aros	*Examinador: bl-bo-a* *Juntos: bl-bo-a* *Persona evaluada: bo-a-bl-bl-bo-a-a-bl-bo*	+ / - **N**	

D	5 bloques 5 cucharas 5 bolitas	**c en una bandeja abierta** *Examinador: bl-c-bo* *Juntos: bl-c-bo* *Persona evaluada: c-bo-bl-bl-c-bo-bo-bl-c*	+ / - **N**	

Serie 2 Clasificación de objetos				
Ítem	Materiales	Procedimiento	Puntuación	Observaciones
1	5 peines 5 cucharas 5 cepillos de dientes	*Examinador: p-cu-ce* *Juntos: p-cu-ce* *Persona evaluada: cu-p-ce-ce-p-cu-p-ce-cu*	+ / - **N**	
2	5 fichas 5 tornillos 5 palitos	*Examinador: f-t-p* *Juntos: f-t-p* *Persona evaluada: p-f-t-f-p-t-t-p-f*	+ / - **N**	
3	5 cucharas 5 cuchillos 5 tenedor	*Examinador: cucha-cuchi-t* *Juntos: cucha-cuchi-t* *Persona evaluada: t-cuchi-cucha-cuchi-t-cucha-cucha-t-cuchi*	+ / - **N**	

4	5 fichas azules 5 fichas amarillas 5 fichas rojas	*Examinador: az-am-r* *Juntos: az-am-r* *Persona evaluada: az-r-am-r-az-am-r-am-az*	+ / - **N**	
5	5 círculos pequeños 5 círculos grandes 5 óvalos	*Examinador: p-g-o* *Juntos: p-g-o* *Persona evaluada: g-o-p-p-g-o-o-g-p*	+ / - **N**	
6	5 cubos 5 bloques gruesos 5 bloques planos	*Examinador: c-g-p* *Juntos: c-g-p* *Persona evaluada: g-c-p-c-g-p-p-c-g*	+ / - **N**	
7	5 cucharas de postre 5 cucharillas de café 5 cucharas soperas	*Examinador: p-c-s* *Juntos: p-c-s* *Persona evaluada: s-c-p-p-s-c-s-p-c*	+ / - **N**	

Serie 3 Clasificación de imágenes			
Ítem	Materiales	Puntuación	Cbservaciones
8	Fotografías en color: peine, cuchara, cepillo de dientes	+ / - **N**	
9	Dibujos lineales: peine, cuchara, cepillo de dientes	+ / - **N**	
10	Pictogramas: peine, cuchara, cepillo de dientes	+ / - **N**	
11	Fotografías en blanco y negro: peinándose, comiendo, cepillándose los dientes	+ / - **N**	
12	Pictogramas: leyendo, escribiendo, bebiendo	+ / - **N**	
13	Letras: E, F, L	+ / - **N**	
14	Fotografías en blanco y negro: leyendo, escribiendo, bebiendo	+ / - **N**	

15	Dibujos lineales: peinándose, comiendo, cepillándose los dientes	**+ / -** **N**	
16	Números: 25, 26, 29	**+ / -** **N**	
17	Palabras: bañera, cama, peine	**+ / -** **N**	

NIVEL II: REPRESENTACIÓN

Serie 4
Clasificación con la misma forma

Ítem	Materiales	Procedimiento	Puntuación	Observaciones
18	4 pelotas 4 muñecas 4 coches	*Examinador:* *pelota de tenis* *muñeca con pelo* *coche rojo* *Persona evaluada:* *m-c-p-c-p-m-m-c-p*	**+ / -** **N**	

19	4 cucharas 4 cuchillos 4 tenedores	*Examinador: cucha-cuchi-t* *De la misma cubertería,* *no blancos* *Persona evaluada: cucha-t-cuchi-cuchi-cucha-t-t-cucha-cuchi*	+ / - **N**	
20	cepillo de dientes, pasta de dientes, lápiz, libreta, tenedor, plato	*Examinador: c-la-t* *Persona evaluada:* *pl-p-l*	+ / - **N**	
21	Fotografías en color: mujer, pelota, coche		+ / - **N**	
22	Fotografías en color: peine, cepillo de dientes, cuchara		+ / - **N**	

Serie 5
Clasificación de formas diferentes

Ítem	Materiales	Procedimiento	Puntuación	Observaciones
23	bolígrafo, peine, vaso y fotografías idénticas	*Examinador: tarjetas abc* *Persona evaluada: b-p-v*	+ / - **N**	
24	tijeras, botella, cuchara y fotografías diferentes	*Examinador: t-b-c* *Persona evaluada: tarjetas 123*	+ / - **N**	
25	cuchara, botella, tijeras y pictogramas	*Examinador: tarjetas abc* *Persona evaluada: c-b-t*	+ / - **N**	
26	tijeras, cuchara, botella y pictogramas de la acción	*Examinador: t-c-b* *Persona evaluada: tarjetas 123*	+ / - **N**	
27	vaso, bolígrafo, peine y fotografías de la acción en contexto neutral	*Examinador: tarjetas abc* *Persona evaluada: v-b-p*	+ / - **N**	

28	bolígrafo, vaso, peine y fotografías de la acción en contextos complejos	*Examinador: b-v-p* *Persona evaluada: tarjetas 123*	+ / - *N*	
29	Fotografías y palabras: cama, bañera, peine	*Examinador: tarjetas abc* *Persona evaluada: tarjetas 123*	+ / - *N*	
30	Fotografías y palabras: leyendo, escribiendo, bebiendo	*Examinador: tarjetas abc* *Persona evaluada: tarjetas 123*	+ / - **N**	

Conclusiones y recomendaciones

ComFor
Precursores de la Comunicación

Nombre: ....

Sexo:
- (1) masculino
- (2) femenino

Fecha de nacimiento: ...-....-...

Fecha de administración : ...-...-...

Edad cronológica: .... a .... m .... d

Residencia:
- (1) hogar familiar
- (2) centro residencial: ....

Centro educativo:
- (1) colegio: ....
- (2) centro de día: ....

Examinador: ....

Discapacidad intelectual:
- (1) ninguna
- (2) leve
- (3) moderada
- (4) severa
- (5) profunda
- (6) desconocido

Diagnóstico:
- (1) trastorno del espectro del autismo
- (2) TGD-NE
- (3) discapacidad auditiva
- (4) discapacidad visual
- (5) discapacidad física
- (6) trastorno del lenguaje/ comunicación
- (7) TDAH
- (8) otro: ....

Nivel de desarrollo/ CI.: ....
- (1) Estimado
- (2) Medido con ....
  en la fecha: ......-..... -............

Resultados de otros tests/escalas con fecha de administración:

....-......-......
....-......-......
....-......-......
....-......-......

Anotaciones: ....
....
....
....

Hoja de puntuaciones

PRESENTACIÓN			REPRESENTACIÓN	
Serie 1	Serie 2	Serie 3	Serie 4	Serie 5
		17		
		16		
		15		30
	7	14		29
D	6	13		28
C	5	12	22	27
B	4	11	21	26
A3	3	10	20	25
A2	2	9	19	24
A1	1	8	18	23

Compruebe que todas las casillas se han marcado. (+ = éxito, - = fracaso, N = no administrado)

Administración

Procedimiento seguido: (1) los materiales se ofrecieron uno a uno
(2) la persona evaluada cogió los materiales de la cesta
(3) combinación ....

....

Duración de la administración del test: ....
Anotaciones...
....
....
....

NIVEL I: PRESENTACIÓN

Serie 1
Ensamblaje de objetos

Ítem	Materiales	Procedimiento	Puntuación	Observaciones
A1	5 bolitas	*Examinador*: bolita 1 *Juntos: bolita 2* *Persona evaluada: bolitas 3, 4 y 5*	+ / - **N**	
A2	5 bloques	Véase A1	+ / - **N**	
A3	5 aros	Véase A1	+ / - **N**	
B	5 aros 5 bolitas	*Examinador: a-b* *Juntos: a-b* *Persona evaluada: b-a-a-b-a-b*	+ / - **N**	
C	5 bloques 5 bolitas 5 aros	*Examinador: bl-bo-a* *Juntos: bl-bo-a* *Persona evaluada: bo-a-bl-bl-bo-a-a-bl-bo*	+ / - **N**	

D	5 bloques 5 cucharas 5 bolitas	**c en una bandeja abierta** *Examinador: bl-c-bo* *Juntos: bl-c-bo* *Persona evaluada: c-bo-bl-bl-c-bo-bo-bl-c*	+ / - N	

Serie 2 Clasificación de objetos				
Ítem	Materiales	Procedimiento	Puntuación	Observaciones
1	5 peines 5 cucharas 5 cepillos de dientes	*Examinador: p-cu-ce* *Juntos: p-cu-ce* *Persona evaluada: cu-p-ce-ce-p-cu-p-ce-cu*	+ / - N	
2	5 fichas 5 tornillos 5 palitos	*Examinador: f-t-p* *Juntos: f-t-p* *Persona evaluada: p-f-t-f-p-t-t-p-f*	+ / - N	
3	5 cucharas 5 cuchillos 5 tenedor	*Examinador: cucha-cuchi-t* *Juntos: cucha-cuchi-t* *Persona evaluada: t-cuchi-cucha-cuchi-t-cucha-cucha-t-cuchi*	+ / - N	

4	5 fichas azules 5 fichas amarillas 5 fichas rojas	*Examinador: az-am-r* *Juntos: az-am-r* *Persona evaluada: az-r-am-r-az-am-r-am-az*	+ / - **N**	
5	5 círculos pequeños 5 círculos grandes 5 óvalos	*Examinador: p-g-o* *Juntos: p-g-o* *Persona evaluada: g-o-p-p-g-o-o-g-p*	+ / - **N**	
6	5 cubos 5 bloques gruesos 5 bloques planos	*Examinador: c-g-p* *Juntos: c-g-p* *Persona evaluada: g-c-p-c-g-p-p-c-g*	+ / - **N**	
7	5 cucharas de postre 5 cucharillas de café 5 cucharas soperas	*Examinador: p-c-s* *Juntos: p-c-s* *Persona evaluada: s-c-p-p-s-c-s-p-c*	+ / - **N**	

Serie 3 Clasificación de imágenes			
Ítem	Materiales	Puntuación	Cbservaciones
8	Fotografías en color: peine, cuchara, cepillo de dientes	+ / - N	
9	Dibujos lineales: peine, cuchara, cepillo de dientes	+ / - N	
10	Pictogramas: peine, cuchara, cepillo de dientes	+ / - N	
11	Fotografías en blanco y negro: peinándose, comiendo, cepillándose los dientes	+ / - N	
12	Pictogramas: leyendo, escribiendo, bebiendo	+ / - N	
13	Letras: E, F, L	+ / - N	
14	Fotografías en blanco y negro: leyendo, escribiendo, bebiendo	+ / - N	

15	Dibujos lineales: peinándose, comiendo, cepillándose los dientes	+ / - **N**	
16	Números: 25, 26, 29	+ / - **N**	
17	Palabras: bañera, cama, peine	+ / - **N**	

NIVEL II: REPRESENTACIÓN

Serie 4
Clasificación con la misma forma

Ítem	Materiales	Procedimiento	Puntuación	Observaciones
18	4 pelotas 4 muñecas 4 coches	*Examinador:* *pelota de tenis* *muñeca con pelo* *coche rojo* *Persona evaluada:* *m-c-p-c-p-m-m-c-p*	+ / - **N**	

19	4 cucharas 4 cuchillos 4 tenedores	*Examinador: cucha-cuchi-t* *De la misma cubertería, no blancos* *Persona evaluada: cucha-t-cuchi-cuchi-cucha-t-t-cucha-cuchi*	**+ / -** **N**	
20	cepillo de dientes, pasta de dientes, lápiz, libreta, tenedor, plato	*Examinador: c-la-t* *Persona evaluada: pl-p-l*	**+ / -** **N**	
21	Fotografías en color: mujer, pelota, coche		**+ / -** **N**	
22	Fotografías en color: peine, cepillo de dientes, cuchara		**+ / -** **N**	

Serie 5 Clasificación de formas diferentes				
Ítem	Materiales	Procedimiento	Puntuación	Observaciones
23	bolígrafo, peine, vaso y fotografías idénticas	*Examinador: tarjetas abc* *Persona evaluada: b-p-v*	+ / - N	
24	tijeras, botella, cuchara y fotografías diferentes	*Examinador: t-b-c* *Persona evaluada: tarjetas 123*	+ / - N	
25	cuchara, botella, tijeras y pictogramas	*Examinador: tarjetas abc* *Persona evaluada: c-b-t*	+ / - N	
26	tijeras, cuchara, botella y pictogramas de la acción	*Examinador: t-c-b* *Persona evaluada: tarjetas 123*	+ / - N	
27	vaso, bolígrafo, peine y fotografías de la acción en contexto neutral	*Examinador: tarjetas abc* *Persona evaluada: v-b-p*	+ / - N	

28	bolígrafo, vaso, peine y fotografías de la acción en contextos complejos	*Examinador: b-v-p* *Persona evaluada: tarjetas 123*	+ / - *N*	
29	Fotografías y palabras: cama, bañera, peine	*Examinador: tarjetas abc* *Persona evaluada: tarjetas 123*	+ / - *N*	
30	Fotografías y palabras: leyendo, escribiendo, bebiendo	*Examinador: tarjetas abc* *Persona evaluada: tarjetas 123*	+ / - **N**	

Conclusiones y recomendaciones

ComFor
Precursores de la Comunicación

Nombre: ....

Sexo:
(1) masculino
(2) femenino

Fecha de nacimiento: ...-....-...

Fecha de administración : ...-...-...

Edad cronológica: .... a .... m .... d

Residencia:
(1) hogar familiar
(2) centro residencial: ....

Centro educativo:
(1) colegio: ....
(2) centro de día: ....

Examinador: ....

Discapacidad intelectual:
(1) ninguna
(2) leve
(3) moderada
(4) severa
(5) profunda
(6) desconocido

Diagnóstico:
(1) trastorno del espectro del autismo
(2) TGD-NE
(3) discapacidad auditiva
(4) discapacidad visual
(5) discapacidad física
(6) trastorno del lenguaje/ comunicación
(7) TDAH
(8) otro: ....

Nivel de desarrollo/ CI.: ....
(1) Estimado
(2) Medido con ....
en la fecha: ......-......-.............

Resultados de otros tests/escalas con fecha de administración:

....-......-......
....-......-......
....-......-......
....-......-......

Anotaciones: ....
....
....
....

Hoja de puntuaciones

PRESENTACIÓN			REPRESENTACIÓN	
Serie 1	Serie 2	Serie 3	Serie 4	Serie 5
		17		
		16		
		15		30
	7	14		29
D	6	13		28
C	5	12	22	27
B	4	11	21	26
A3	3	10	20	25
A2	2	9	19	24
A1	1	8	18	23

Compruebe que todas las casillas se han marcado. (+ = éxito, - = fracaso, N = no administrado)

Administración

Procedimiento seguido: (1) los materiales se ofrecieron uno a uno
(2) la persona evaluada cogió los materiales de la cesta
(3) combinación ....

....

Duración de la administración del test: ....
Anotaciones...
....
....
....

NIVEL I: PRESENTACIÓN				
Serie 1 Ensamblaje de objetos				
Ítem	Materiales	Procedimiento	Puntuación	Observaciones
A1	5 bolitas	*Examinador*: bolita 1 *Juntos: bolita 2* *Persona evaluada: bolitas 3, 4 y 5*	+ / - **N**	
A2	5 bloques	Véase A1	+ / - **N**	
A3	5 aros	Véase A1	+ / - **N**	
B	5 aros 5 bolitas	*Examinador: a-b* *Juntos: a-b* *Persona evaluada: b-a-a-b-a-b*	+ / - **N**	
C	5 bloques 5 bolitas 5 aros	*Examinador: bl-bo-a* *Juntos: bl-bo-a* *Persona evaluada: bo-a-bl-bl-bo-a-a-bl-bo*	+ / - **N**	

D	5 bloques 5 cucharas 5 bolitas	**c en una bandeja abierta** *Examinador: bl-c-bo* *Juntos: bl-c-bo* *Persona evaluada: c-bo-bl-bl-c-bo-bo-bl-c*	+ / - **N**	

Serie 2 Clasificación de objetos				
Ítem	Materiales	Procedimiento	Puntuación	Observaciones
1	5 peines 5 cucharas 5 cepillos de dientes	*Examinador: p-cu-ce* *Juntos: p-cu-ce* *Persona evaluada: cu-p-ce-ce-p-cu-p-ce-cu*	+ / - **N**	
2	5 fichas 5 tornillos 5 palitos	*Examinador: f-t-p* *Juntos: f-t-p* *Persona evaluada: p-f-t-f-p-t-t-p-f*	+ / - **N**	
3	5 cucharas 5 cuchillos 5 tenedor	*Examinador: cucha-cuchi-t* *Juntos: cucha-cuchi-t* *Persona evaluada: t-cuchi-cucha-cuchi-t-cucha-cucha-t-cuchi*	+ / - **N**	

4	5 fichas azules 5 fichas amarillas 5 fichas rojas	*Examinador: az-am-r* *Juntos: az-am-r* *Persona evaluada: az-r-am-r-az-am-r-am-az*	+ / - **N**	
5	5 círculos pequeños 5 círculos grandes 5 óvalos	*Examinador: p-g-o* *Juntos: p-g-o* *Persona evaluada: g-o-p-p-g-o-o-g-p*	+ / - **N**	
6	5 cubos 5 bloques gruesos 5 bloques planos	*Examinador: c-g-p* *Juntos: c-g-p* *Persona evaluada: g-c-p-c-g-p-p-c-g*	+ / - **N**	
7	5 cucharas de postre 5 cucharillas de café 5 cucharas soperas	*Examinador: p-c-s* *Juntos: p-c-s* *Persona evaluada: s-c-p-p-s-c-s-p-c*	+ / - **N**	

Serie 3 Clasificación de imágenes			
Ítem	Materiales	Puntuación	Observaciones
8	Fotografías en color: peine, cuchara, cepillo de dientes	+ / - N	
9	Dibujos lineales: peine, cuchara, cepillo de dientes	+ / - N	
10	Pictogramas: peine, cuchara, cepillo de dientes	+ / - N	
11	Fotografías en blanco y negro: peinándose, comiendo, cepillándose los dientes	+ / - N	
12	Pictogramas: leyendo, escribiendo, bebiendo	+ / - N	
13	Letras: E, F, L	+ / - N	
14	Fotografías en blanco y negro: leyendo, escribiendo, bebiendo	+ / - N	

15	Dibujos lineales: peinándose, comiendo, cepillándose los dientes	+ / - **N**	
16	Números: 25, 26, 29	+ / - **N**	
17	Palabras: bañera, cama, peine	+ / - **N**	

NIVEL II: REPRESENTACIÓN

Serie 4
Clasificación con la misma forma

Ítem	Materiales	Procedimiento	Puntuación	Observaciones
18	4 pelotas 4 muñecas 4 coches	*Examinador:* *pelota de tenis* *muñeca con pelo* *coche rojo* *Persona evaluada:* *m-c-p-c-p-m-m-c-p*	+ / - **N**	

19	4 cucharas 4 cuchillos 4 tenedores	*Examinador: cucha-cuchi-t* *De la misma cubertería, no blancos* *Persona evaluada: cucha-t-cuchi-cuchi-cucha-t-t-cucha-cuchi*	+ / - N	
20	cepillo de dientes, pasta de dientes, lápiz, libreta, tenedor, plato	*Examinador: c-la-t* *Persona evaluada: pl-p-l*	+ / - N	
21	Fotografías en color: mujer, pelota, coche		+ / - N	
22	Fotografías en color: peine, cepillo de dientes, cuchara		+ / - N	

Serie 5 Clasificación de formas diferentes				
Ítem	Materiales	Procedimiento	Puntuación	Observaciones
23	bolígrafo, peine, vaso y fotografías idénticas	*Examinador: tarjetas abc* *Persona evaluada: b-p-v*	+ / - N	
24	tijeras, botella, cuchara y fotografías diferentes	*Examinador: t-b-c* *Persona evaluada: tarjetas 123*	+ / - N	
25	cuchara, botella, tijeras y pictogramas	*Examinador: tarjetas abc* *Persona evaluada: c-b-t*	+ / - N	
26	tijeras, cuchara, botella y pictogramas de la acción	*Examinador: t-c-b* *Persona evaluada: tarjetas 123*	+ / - N	
27	vaso, bolígrafo, peine y fotografías de la acción en contexto neutral	*Examinador: tarjetas abc* *Persona evaluada: v-b-p*	+ / - N	

28	bolígrafo, vaso, peine y fotografías de la acción en contextos complejos	*Examinador: b-v-p* *Persona evaluada: tarjetas 123*	+ / - *N*	
29	Fotografías y palabras: cama, bañera, peine	*Examinador: tarjetas abc* *Persona evaluada: tarjetas 123*	+ / - *N*	
30	Fotografías y palabras: leyendo, escribiendo, bebiendo	*Examinador: tarjetas abc* *Persona evaluada: tarjetas 123*	+ / - **N**	

Conclusiones y recomendaciones

ComFor
Precursores de la Comunicación

Nombre: ....

Sexo:
(1) masculino
(2) femenino

Fecha de nacimiento: ...-....-...

Fecha de administración : ...-...-...

Edad cronológica: .... a .... m .... d

Residencia:
(1) hogar familiar
(2) centro residencial: ....

Centro educativo:
(1) colegio: ....
(2) centro de día: ....

Examinador: ....

Discapacidad intelectual:
(1) ninguna
(2) leve
(3) moderada
(4) severa
(5) profunda
(6) desconocido

Diagnóstico:
(1) trastorno del espectro del autismo
(2) TGD-NE
(3) discapacidad auditiva
(4) discapacidad visual
(5) discapacidad física
(6) trastorno del lenguaje/ comunicación
(7) TDAH
(8) otro: ....

Nivel de desarrollo/ CI.: ....
(1) Estimado
(2) Medido con ....
en la fecha: ......-......-............

Resultados de otros tests/escalas con fecha de administración:

....-......-......
....-......-......
....-......-......
....-......-......

Anotaciones: ....
....
....
....

Hoja de puntuaciones

PRESENTACIÓN			REPRESENTACIÓN	
Serie 1	Serie 2	Serie 3	Serie 4	Serie 5
		17		
		16		
		15		30
	7	14		29
D	6	13		28
C	5	12	22	27
B	4	11	21	26
A3	3	10	20	25
A2	2	9	19	24
A1	1	8	18	23

Compruebe que todas las casillas se han marcado. (+ = éxito, - = fracaso, N = no administrado)

Administración

Procedimiento seguido: (1) los materiales se ofrecieron uno a uno
(2) la persona evaluada cogió los materiales de la cesta
(3) combinación ....

....

Duración de la administración del test: ....
Anotaciones..
....
....
....

NIVEL I: PRESENTACIÓN				
Serie 1 **Ensamblaje de objetos**				
Ítem	Materiales	Procedimiento	Puntuación	Observaciones
A1	5 bolitas	*Examinador*: bolita 1 *Juntos: bolita 2* *Persona evaluada: bolitas 3, 4 y 5*	+ / - **N**	
A2	5 bloques	Véase A1	+ / - **N**	
A3	5 aros	Véase A1	+ / - **N**	
B	5 aros 5 bolitas	*Examinador: a-b* *Juntos: a-b* *Persona evaluada: b-a-a-b-a-b*	+ / - **N**	
C	5 bloques 5 bolitas 5 aros	*Examinador: bl-bo-a* *Juntos: bl-bo-a* *Persona evaluada: bo-a-bl-bl-bo-a-a-bl-bo*	+ / - **N**	

D	5 bloques 5 cucharas 5 bolitas	**c en una bandeja abierta** *Examinador: bl-c-bo* *Juntos: bl-c-bo* *Persona evaluada: c-bo-bl-bl-c-bo-bo-bl-c*	+ / - **N**	

Serie 2 Clasificación de objetos				
Ítem	Materiales	Procedimiento	Puntuación	Observaciones
1	5 peines 5 cucharas 5 cepillos de dientes	*Examinador: p-cu-ce* *Juntos: p-cu-ce* *Persona evaluada: cu-p-ce-ce-p-cu-p-ce-cu*	+ / - **N**	
2	5 fichas 5 tornillos 5 palitos	*Examinador: f-t-p* *Juntos: f-t-p* *Persona evaluada: p-f-t-f-p-t-t-p-f*	+ / - **N**	
3	5 cucharas 5 cuchillos 5 tenedor	*Examinador: cucha-cuchi-t* *Juntos: cucha-cuchi-t* *Persona evaluada: t-cuchi-cucha-cuchi-t-cucha-cucha-t-cuchi*	+ / - **N**	

4	5 fichas azules 5 fichas amarillas 5 fichas rojas	*Examinador: az-am-r* *Juntos: az-am-r* *Persona evaluada: az-r-am-r-az-am-r-am-az*	+ / - **N**	
5	5 círculos pequeños 5 círculos grandes 5 óvalos	*Examinador: p-g-o* *Juntos: p-g-o* *Persona evaluada: g-o-p-p-g-o-o-g-p*	+ / - **N**	
6	5 cubos 5 bloques gruesos 5 bloques planos	*Examinador: c-g-p* *Juntos: c-g-p* *Persona evaluada: g-c-p-c-g-p-p-c-g*	+ / - **N**	
7	5 cucharas de postre 5 cucharillas de café 5 cucharas soperas	*Examinador: p-c-s* *Juntos: p-c-s* *Persona evaluada: s-c-p-p-s-c-s-p-c*	+ / - **N**	

Serie 3
Clasificación de imágenes

Ítem	Materiales	Puntuación	Observaciones
8	Fotografías en color: peine, cuchara, cepillo de dientes	+ / - **N**	
9	Dibujos lineales: peine, cuchara, cepillo de dientes	+ / - **N**	
10	Pictogramas: peine, cuchara, cepillo de dientes	+ / - **N**	
11	Fotografías en blanco y negro: peinándose, comiendo, cepillándose los dientes	+ / - **N**	
12	Pictogramas: leyendo, escribiendo, bebiendo	+ / - **N**	
13	Letras: E, F, L	+ / - **N**	
14	Fotografías en blanco y negro: leyendo, escribiendo, bebiendo	+ / - **N**	

15	Dibujos lineales: peinándose, comiendo, cepillándose los dientes	+ / - N	
16	Números: 25, 26, 29	+ / - N	
17	Palabras: bañera, cama, peine	+ / - N	

NIVEL II: REPRESENTACIÓN

Serie 4
Clasificación con la misma forma

Ítem	Materiales	Procedimiento	Puntuación	Observaciones
18	4 pelotas 4 muñecas 4 coches	*Examinador:* *pelota de tenis* *muñeca con pelo* *coche rojo* *Persona evaluada:* *m-c-p-c-p-m-m-c-p*	+ / - N	

19	4 cucharas 4 cuchillos 4 tenedores	*Examinador: cucha-cuchi-t* *De la misma cubertería, no blancos* *Persona evaluada: cucha-t-cuchi-cuchi-cucha-t-t-cucha-cuchi*	+ / - N	
20	cepillo de dientes, pasta de dientes, lápiz, libreta, tenedor, plato	*Examinador: c-la-t* *Persona evaluada: pl-p-l*	+ / - N	
21	Fotografías en color: mujer, pelota, coche		+ / - N	
22	Fotografías en color: peine, cepillo de dientes, cuchara		+ / - N	

Serie 5 Clasificación de formas diferentes				
Ítem	Materiales	Procedimiento	Puntuación	Observaciones
23	bolígrafo, peine, vaso y fotografías idénticas	*Examinador: tarjetas abc* *Persona evaluada: b-p-v*	+ / - **N**	
24	tijeras, botella, cuchara y fotografías diferentes	*Examinador: t-b-c* *Persona evaluada: tarjetas 123*	+ / - **N**	
25	cuchara, botella, tijeras y pictogramas	*Examinador: tarjetas abc* *Persona evaluada: c-b-t*	+ / - **N**	
26	tijeras, cuchara, botella y pictogramas de la acción	*Examinador: t-c-b* *Persona evaluada: tarjetas 123*	+ / - **N**	
27	vaso, bolígrafo, peine y fotografías de la acción en contexto neutral	*Examinador: tarjetas abc* *Persona evaluada: v-b-p*	+ / - **N**	

28	bolígrafo, vaso, peine y fotografías de la acción en contextos complejos	*Examinador: b-v-p* *Persona evaluada: tarjetas 123*	+ / - *N*	
29	Fotografías y palabras: cama, bañera, peine	*Examinador: tarjetas abc* *Persona evaluada: tarjetas 123*	+ / - *N*	
30	Fotografías y palabras: leyendo, escribiendo, bebiendo	*Examinador: tarjetas abc* *Persona evaluada: tarjetas 123*	+ / - **N**	

Conclusiones y recomendaciones